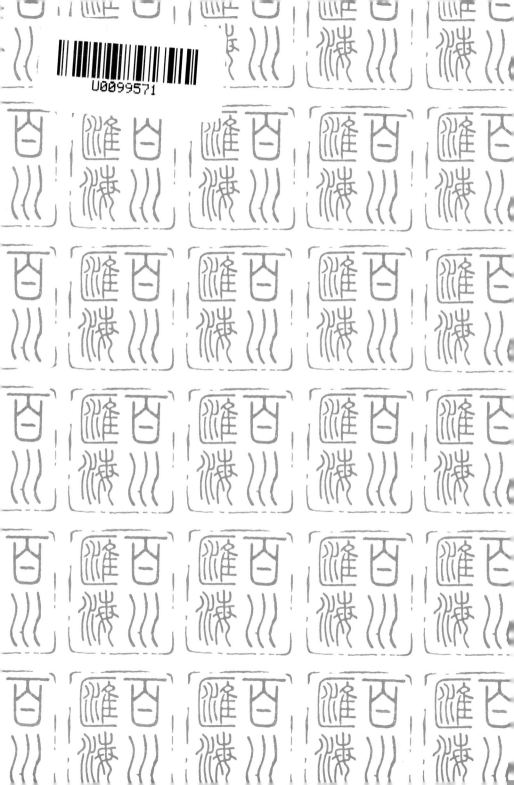

陶百川全集（十三）

爲溝通安和呼號

三民書局印行

為溝通安和呼號 目錄

念念不忘政黨政治

溝通中介的嘗試

溝通中介的重挫

溝通中介的夭折

政通人和溝通為先

兩岸溝通安和促進國家統一

三邊溝通遭到夾攻胎死腹中

念念不忘政黨政治

何以又談政黨政治了

京士兄：

昨承垂訪，晤談為歡。承示開放黨禁，絕不可能。弟向有同感。回憶黨外人士在高雄事件發生前大力要求組織政黨時，弟即以為不可，曾對吾兄及余紀忠先生一再言之，諒吾兄必能記憶。

近來懍於中共謀我益急，美國諾言落空，深感我政府更須自奮自強，團結進步，方能長立於不敗之地。但默察本黨長期執政，「一黨獨大」，因而保守成習，敏感過甚，抑且包袱沉重，從而步履艱難。其表現於政治者，興利有成，但弊亦隨之而生，而除弊則因顧慮太多而無功。重以貪污浪費，財經受累非淺，晏安逸樂，鬥志消磨殆盡。以此反共，何能令人安心！

其時本黨準備召開第十二次全國代表大會，而以「永遠與民衆在一起」相號召。感於蔣主席之苦心孤詣，勵精圖治，弟乃在《中國論壇》為響應本黨全會徵求建言之座談會，就其第一子題：「如何促進正常的政黨政治？」提議於兩年內制定政黨法，准許人民依適當條件組織新黨。

所以定為兩年者，乃在使本黨有充分時間作好準備工作，例如整頓內部，健全組織，改進作風，俾能從容「應戰」。

兩年以後，如能有一像樣之新黨，遵照法律，與本黨相競賽，相爭衡，則本黨將因其監督及激勵不得不力爭上游，可能永保青春，長握政權。如果本黨將來萬一不能進步而遭挫折，則國家尚有另一政黨繼之而起，不致因措手不及而陷於癱瘓及混亂。世界民主國家所以能長治久安，其道無他，莫不如此！本黨向以「天下爲公」，自應有此「提得起放得下」之道義及氣魄也。

弟恐本黨同志不能了解弟之用意與苦心，日前又寫一文：〈不患一黨獨大，但須有人爭衡〉，指出：如無獨大之本黨，便無幸福的臺灣；但爲免於腐化、老化或僵化，本黨必須容忍甚或歡迎來自黨外之競爭及抗衡。此有如孔子所謂：「昔者天子有爭臣七人，雖無道，不失其天下。」因爲「入則無法家拂士，出則無敵國外患者，國恆亡。然後知生於憂患而死於安樂也。」（《孟子》）

關於吾兄在立法院對新舊委員及黨外人士所爲之溝通及疏解，素爲弟所欽佩。弟不敏，年來亦嘗爲之，然因誠信未孚，易啓同志之疑而或遭其忌。所幸蔣總統懂得此一爲政之道，且知弟之並無私心或野心，故弟尚能爲黨爲國稍盡棉力。希望吾兄亦能行此好事而有此好運，然仍不可不慎也。

揮汗草此，不盡欲言，幸吾兄有以教之！

順頌

儷福

弟陶百川　敬啓

七十年七月五日

政黨政治四年計畫

——與美國訪華民主黨四位人士的談話

國民黨當局認爲臺灣社會已多元化，各種不同的利益和民意應由各種不同的組織和管道爲其代表和宣達，所以正在研擬政治結社的法制，將來可能會准許人民組織新黨，以擴大現行規模的政黨政治。而且最近政府同意承認黨外公政會可以依法成立，並設立各縣市分會，祇須依法完成登記手續，而這手續規定於民法總則和人民團體組織法，我們四位中介人士願意保證政府主管機關迅速核准，不會刁難。

按政黨的作用及其可貴，無非因爲它有左列特性：

一、能夠發揚民意使其成爲政綱或國策；

二、領導志同道合之人納入組織，喚起民衆；

三、對其中有志從政之精英，以集體力量輔其競選，助其當選；

四、如果不能取得政權，亦能以在野身分監督政府，制衡權貴。

黨外公政會一經登記，就能取得合法地位，就可從事上列政黨活動，那是無政黨之名而有其實，對民主政治乃是一大步驟。如果朝野合作得好，政府無所恐懼，黨禁不久就能開放。

我在六年前曾經建議國家制訂政黨法，在兩年中開放黨禁，實施政黨政治，辦法如左：

一、千分之五的人民得聯合申請組織政黨；

二、申請書須聲明服從中華民國憲法，效忠國家，違者得由政府予以解散；

三、參考美國聯邦選舉委員會的民主精神，改組現有中央選舉委員會，受理政黨之設立或解散。

現在我主張朝野雙方應速溝通協調，於一九九〇年（四年後）實施全面性的政黨政治，而以試行公政會模式的準政黨政治為過渡，並在一九八九年完成政黨法的立法程序，於一九九〇年施行。

七十五年八月十三日

如何促進正常的政黨政治

——賀《中國論壇》六年前盛事

提到今天這個題目，我要向《中國論壇》社道賀，因爲它對黨禁的解除和一個新黨的出現，早已提供了鼓吹的力量。那應遠溯到六年以前，民國七十年的這個時候，《中國論壇》社舉辦了一系列並分爲三次的座談會，總題目是「加速推動我國民主政治」，其中有一個子題叫做「如何促進正常的政黨政治」。《中國論壇》社在那政治風氣閉塞的環境中能夠舉行那麼有前瞻性的研討會，實在具備智仁勇的三達德，很可欽佩。

那時第一場座談會邀請了幾位年紀較大而分屬於各政黨的人士參加，如青年黨李璜先生及李公權先生、民社黨的王世憲先生等，而國民黨部分則請了我以及仲委員。由胡佛教授主席。在那次座談會，大家都談得非常懇切而且深入，我那時大談政黨政治。我多年前就相信政黨政治是民主政治的一個重要環節，曾經陸續發表了一些言論及文章，而以那次座談會所發表的最完整也最滿意。但我同時也歉悵，因爲我那些意見，不合時宜，爲《中國論壇》社帶來很大麻煩，久久不能發表。如在現時當然不成問題，足見政府也已進步了。

我那時發表鼓吹解除黨禁的道理共分三大部分，現在似乎仍可適用，因爲有些人的心智現在猶未大開，所以我須重述一下。

我的第一部分是引述國父　孫中山先生的遺教，那是政黨政治的基本理論。

第二部分介紹世界各國的政黨現狀，指出政黨政治是世界的潮流。

第三部分則討論有關我國組黨的規範。

國父遺教高瞻遠矚

關於　國父遺教，我現在就向諸位讀一下　孫中山先生民國二年三月一日在國民黨東京支部廣東同鄉會聯合歡迎會所講〈政黨之要義在爲國家造幸福爲人民謀樂利〉中的一些話。

他說：「橫覽全球，無論爲民主共和國，爲君主立憲國，莫不有政黨。黨之用意，彼此助政治之發達。兩黨互相進退，得國民贊成多數者爲在位黨，起而掌握政治之權。國民贊成少數者爲在野黨，居於監督之地位，研究政治之適當與否。凡一黨秉政，不能事事完善，必有在野黨從旁觀察以監督其行動，可以隨時指明。國民見在位黨之政策不利於國家，必思有以改弦更張，因而贊成在野黨之政策者必居多數；在野黨得國民多數之信仰，卽可起而代握政權，變而爲在位黨。蓋一黨之精神才力，必有缺乏之時，而世界狀態，變遷無常，不能以一種政策永久不變；必須兩黨在位在野互相替代，國家之政治方能日有進步。一黨新得國民信仰，起而在位，以一番朝氣而促政治上之改良，其所得之功效，各國均有確據。今日講到民權更不能不要政黨，無政黨則政治必愈形退步，將呈江河日下之觀，流弊所及，恐不能保守共和制度。」

上面這一段話，講得十分深切著明，眞是「天下爲公」的襟懷。而且，　孫中山先生也料想到，有了政黨，一定會有政爭，說是競爭也好，鬥爭也好，總是難免。他的見解，也很高明。他在同一次演講中說：「至於黨爭亦非不美之事，旣有黨不能無爭。但黨爭須在政見上爭，不可在意見上爭。爭而出於正當，可以福國利民，爭而出於不正當，則遺禍無窮。……其求勝利之方法，須依一定之法則，不用奸謀詭計，是之謂黨德。如但求本黨之勝利，不惜用卑劣之行爲，不正當之手段，讒害異黨，以弱本黨之敵，此種政黨，絕無黨德。無黨德之政黨，聲譽必墮地以盡，國民必不能信任其政策，何能望其長久存在呢?」

以上兩大段都是從　國父遺教中摘錄出來的。因爲我認爲它仍符合現在的需要，所以今天重新引讀，並請論壇重印出來，作爲晨鐘暮鼓，以振聾發瞶。

世界潮流多黨共存

其次，說到世界的潮流，正好在那幾個月前，民國六十九年，有五個國家舉行大選。第一個是西德十月的選舉。西德現在有十二個政黨，其中四個主要政黨分爲兩個陣營互相競爭，一個是民主黨集團，一個是社會黨聯盟。其他八個小黨，對大黨尚不構成威脅。

第二個是美國十一月的大選。大家都知道那是共和與民主兩黨的天下。但如果我們查一下美國一九七六年大選的記錄（卡特當選的那一次），在全國五十個州選舉票上列有總統候選人的有三個黨，除了共和、民主兩黨外，還有自由黨，其他僅在某一州或數州選舉票上列有總統候選人的，尚有小黨十一個之多。因此，美國是有十四個黨的政黨政治。

第三個是我們中華民國十二月的選舉。那時李幼椿先生正好回臺，青年黨和民社黨的政治興趣也被鼓舞起來參加競選，結果還是執政的國民黨佔了勝利。

第四個是新加坡的大選，也是在十二月份舉辦的，李光耀領導的人民行動黨，自戰後獨立以來，一直就掌握政權，但是新加坡現在仍有八個政黨。人民行動黨雖是一黨獨大，但其他七個小黨在選舉人票中也佔了百分之三十，可是對大黨並不構成威脅。

第五個選舉是我印象最深刻的，就是南韓舉行的總統選舉。以全斗煥那樣用革命手段取得政權，他大可以獨斷獨行。可是不然，韓國的新憲法已經頒佈施行，黨禁也已解除。後來向韓國中央選舉委員會登記成立的新政黨，共有十七個之多，不但以前的政黨都紛紛復活，還有人另組新黨。那次共有四個政黨提出候選人，全斗煥的民主正義黨得票最多。

五國實例三項結論

從以上五個國家所辦的選舉看來，那時我就提出三點結論：

第一、可見多黨選舉或政黨政治乃是世界的潮流，不僅　孫中山先生民初的看法早已如此，現在證以各國的選舉，我國更應該對它抱有信心。

第二、事實也說明，一個國家政黨雖多，但是，祇要在朝黨做得好，它總是佔便宜的，不必怕會失掉政權。而因有他黨與它競爭，它而且不致退化。所以我們的執政黨膽子應該放大一點，信心應該增加一點，開始走正常的政黨政治的道路。

第三、五個國家大選的結果，祇有一個例外，便是美國執政的民主黨失敗了，共和黨上臺。我覺得這正可以證明政黨政治的奇妙作用。因爲假使卡特繼續當選，以他的懦弱、短視和無能，我看四年之內恐怕要發生世界大戰。因爲在他領導之下，蘇聯一定是步步進逼，到了美國民衆忍無可忍的時候，那祇有打仗，卽使卡特不想打，也得打起來。幸而美國有政黨政治，像　孫中山先生所說，可以交替執政，因此救了美國，也救了自由世界。假使美國是一黨專政，卡特一定繼續做總統，則盲人騎瞎馬，非把美國和世界弄垮不可。

由上來看，我認爲從　國父遺敎，或者是自世界各國的潮流來看，政黨政治是非實行不可的。而且我以爲正是因爲有政黨政治，所以政治才將會是理性的、寬容的、和平的、民主的、和講求公道的。爲甚麼呢？因爲各個政黨彼此互相競爭，互相制衡，爲了爭取選民的支持而努力施政；如果祇有一個政黨長久統治而無競爭，政治就不會是理性的、寬容的、和平的、民主的和講求公道的，唯有政黨彼此互相制衡、批評和監督，政治才會有進步。而且執政黨因爲擔心一旦它不再執政，變成在野黨，另一黨就會以其人之道還治其人之身，那不僅是整個國家充滿紛爭，永無寧日，而且對它自己將來下臺以後也會身受其害，所以它一定會在執政的時候，推行寬容的、理性的、和平的、民主的和公道的政治。

兩年內制訂政黨法

因此，我認爲我國應當立卽開始努力實行政黨政治。我主張在兩年之內制定一個政黨法，兩年後讓人民依法組織政黨。我那時就政黨法應有的規定，舉出幾個要點：

第一、申請組織政黨的人數，我建議兩點：1. 要有九萬人的聯名，卽相當臺灣一千八百萬人口的百分之〇．五，方可申請組織政黨。2. 上次立法委員或國大代表普選投票時的同類候選人包括當選人或落選人聯合起來得到三十萬票的（約當於六百萬投票選民的百分之五），也可聯合申請組織政黨。

三十萬選票比九萬人簽名要多得多，這是因爲九萬人聯名請求組織政黨，是很明白的表示他們需要政黨，而在選舉時投票的人，雖然也表示支持那些候選人，但未必一定是要組黨或加入政黨，所以人數應該增多。這兩種人數是否太多呢？但是國民黨現有二百萬黨員，比較起來，九萬或三十萬的數額就不太多了。

第二、新黨在申請時必須公開聲明服從中華民國憲法。這是保障國家安定和安全所必要的。

第三、政黨組織核准或宣告解散的權力機關，擬以中央選舉委員會充任，由它掌理政黨許可或解散等事宜。但其組織尙應更求民主化。

基本上，我個人不同意由內政部主管政黨，我認爲由中央選舉委員會主管較好。我們看看其他國家的作法，像美國的選舉委員會，稱爲聯邦選舉委員會，是由八人組成的，由參衆兩院各選出二人，再由總統推薦兩人；另外加上參議院秘書長及衆議院秘書長，這兩人是當然委員，但無表決權。這八人中無論那個黨的成員都不得超過半數。南韓的選舉委員會則由國會提名三人，大理院提名三人，總統提名三人，共九人組成之。這些實例，可供借鑑。

第四、對於中央選舉委員會的裁決，如果不服，可向最高法院提起訴訟，由該院組織特別法庭來作最後裁判。

以上是我長久以來對於政黨政治的看法和主張。現在黨禁解除，民進黨且宣佈成立，我對它寄以厚望，容再貢其所見。

一次大團結的大勝利

今天我們中華民國慶祝創立五十年的國慶紀念，我們於歡欣鼓舞之外，應該回溯一下辛亥革命所以能夠迅速成功的道理。因爲「前事不忘，後事之師」，而我們現在的內憂外患，遠過於滿清時代，我們假使不能吸取那個偉大時代的寶貴敎訓，從而實踐力行，則我們今天的慶祝場面愈熱鬧，將愈使先烈失望，子孫蒙羞。

辛亥革命的勝利，有人歸功於三民主義的思想領導，有人歸功於國父　孫中山先生的長期奮鬥，也有人歸功於熊秉坤等的黑夜槍聲。凡此都是成功的因素。但我今天祇想舉出大團結一點來勉勵國人。據宋敎仁日記說：「逸仙（孫中山先生）乃縱談現今大勢及革命方法，大概不外聯絡人才一義」。這是說，國父認爲革命以團結爲先。

國父那天對宋敎仁等更說：「中國現在，不必憂各國之瓜分，但憂自己之內訌。此一省欲起事，彼一省亦欲起事，不相聯絡，各自號召，終必成秦末二十餘國之爭，元末朱陳張李之亂，此時各國乘而干涉之，則中國必亡無疑矣。故現今之義，總以互相聯絡爲要」。

在同盟會組成之前，國內外反對淸廷的團體，本已很多，其中最有力量的，當然就是國父自己所領導的興中會，但是浙江徐錫麟秋瑾等所組織的光復會和湖南黃興宋教仁等所組織的華興會，以及上海方面吳稚暉蔡元培章太炎等所組織的愛國學社等，也都赫赫有名。同盟會乃在中山先生的指導之下，把興中會光復會等革命政團聯合起來成爲一個大力量。

國父後來回憶說：「自革命同盟會成立之後，予之希望則爲之開新紀元。蓋前此雖身當百難之衝，爲舉世所非笑唾罵，一敗再敗，而猶冒險猛進者，仍未敢望革命排滿事業能及吾身而成者也。其所以百折不回者，不過欲有以振起既死之人心，昭蘇將盡之國魂，期有繼我起者成之耳。及乙巳之秋，集合全國之英俊而成立革命同盟會於東京之日，吾始信革命大業可及身而成矣」。

國父有鑑於團結之重要，所以不獨與一般革命政團謀團結，甚至連保皇黨的梁啓超也在聯絡之列，據張其昀著《黨史概要》上册說：「總理與任公曾一度有合作的機會。光緒二十三年，總理曾介紹任公爲橫濱華僑所設之中西學校（後改名爲大同學校）教員，惟因事未就。次年發生戊戌政變，任公亡命日本，由宮崎平山二人介紹與總理訂交，居東時與總理往返日密，漸贊成革命，曾擬合併爲一黨，孫正梁副。任公並謂我輩既已訂交，他日共天下事，必無分歧之理。但以其師康有爲極力阻梗，致未能成爲事實」。

國父團結運動的對象，不僅限於智識分子，而且也及於會黨（民間的秘密組織），其中一位傑出的領袖，名叫鄭士良。國父所領導的第一次（廣州）革命和第二次（惠州）革命，都以會黨分子爲骨幹，而其中心人物就是鄭士良。國父曾說：「當此之時，革命前途黑暗無似，希望幾絕。……命史堅如入長江以聯絡會黨，命鄭士良在香港設立機關，招待會黨，於是乃有長江會黨及兩廣會黨並合於與中會之事也」。

國父革命運動的基地，一在國內，一在國外，而他尤其致力於國外。他對國外團結運動的對象，在日本和歐洲是以留學生爲中心，在美洲則以洪門會黨（致公堂）爲中心。光緒二十五年，國內會黨大聯合，既推國父爲盟主，二十九年冬國父二次抵美，乃加入洪門致公堂，並把致公堂改組爲一革命團體。這對後來的革命事業很有幫助。「華僑是革命之母或中華民國之母」的稱謂，也由此而來。

現在國難嚴重，我們更須集中力量，共濟時艱。辛亥革命勝利的道路，是用團結舖成的，我們現在也得效法國父，用大團結來舖成反共的勝利大道。

五十年國慶紀念日

民意的引導、測驗、創制和運用

一

《華盛頓郵報》和ABC廣播電臺去年舉辦了美國人民對外交和戰爭心態的民意測驗。我對它的結果很感興趣，認爲可供我國參考。玆錄如左：

——在以色列、埃及、沙烏地阿拉伯和中共等四國中，認爲以色列最可信任的人，佔百分之六十九，埃及五十九，沙國和中共各爲百分之三十二。所以多數美國人反對把空中預警機賣給沙國或把高級科技供應中共。

——對美國與蘇聯軍備競賽的目標，認爲美國必須與它相等的人，佔百分之四十六，必須超過它的四十。

——對美國爲了保持油源不惜減損與以色列的關係，贊成的人佔百分之四十三，十七個月前佔百分之二十六。

——對美國應否與蘇聯重開限制武器的談判，贊成的人，佔百分之五十七，反對者二十九。

——如果發生像伊朗一樣刼持美國人質的事件，主張美國應採軍事行動的人，佔百分之七十二，反對者二十一。

——如果蘇俄在古巴再部署飛彈，主張採軍事行動的人，佔百分之六十九，反對者二十四。

——如果蘇俄進軍伊朗和波斯灣，主張美國採軍事行動的人，佔百分之三十三，反對者五十三。

——如果沙烏地阿拉伯發生推翻現政府的革命，主張美國採軍事行動加以阻止的人，佔百分之三十三，反對者五十四。

——如果以色列與阿拉伯國家發生戰爭，主張美國採軍事行動加以干涉的人佔百分之二十八，反對者六十一。

二

可惜那次民意測驗沒有包括中美兩國最有關係的一個重要問題——如果中共對臺灣使用武力，美國總統應否依照臺灣關係法動員美國武裝部隊馳援臺灣？

最近美國國務卿舒玆的北平之行，雖對中共「廢法」、「停售」等要求，未曾屈從，可謂差強人意，但中共必不罷休。如果趙紫陽年內往訪美國，那將如海上颱風，對美我兩國自必又是一個衝擊。

美國的反應將會怎樣？我想建議我國政府或民間社團或美國友人委託美國一些民意調查機關舉辦一次民意測驗，包括下列問題：

——中共要求廢止臺灣關係法，你以爲美國應該把它廢止麼？

——中共要求美國終止對臺灣出售防禦武器，你以爲美國應該終止麼？

——如果中共對臺灣使用武力，你以爲美國總統應依臺灣關係法加以干涉麼？

——如果中共要求美國促成臺灣與大陸的統一和談，你以爲美國應該參與麼？

以上四點，都將逼人而來，我們必須妥籌對策，而對美國民意的輔導，乃是辦好對美外交的支點，民意測驗是其中一個重要步驟。

如果我國在美國舉辦一次民意測驗，我想所得反應，第一題（廢約）一定很好，第二題（終止軍售）反對者多，第三題（防衞臺灣）贊成反對可能相等，至第四題（協助和談）則贊成者可能較多。所以我國對第三第四兩題尚須努力。

三

試探民意的方法，民意測驗或調查在英美等國行之有年，種類和次數也很多，但對政府沒有什麼拘束力。去秋我在美國適逢它的中期選舉，很多地方同時舉辦創制案或複決案的投票，那就是我國所謂「直接民權」，它的效力可就大了。以加州爲例，去年十一月二日總投票時，全州選民就十五個創制案或複決案，各投一票。其中最後五案是創制案，例如第十二案，要求加州州長須在十二月三十一日前代表該州致函總統、國防部長、國務卿和全體聯邦國會議員，敦促美國政府向蘇聯提出建議，要求兩國停止對核子武器的試驗、生產和部署。該案經百分之五十一對四十八通過施行。

依照加州法律，創制權分爲兩種：一是法律的創制，一是修改州憲的創制。前者須有相等上次州長選舉所得全部選票百分之五選民的連署，後者的連署人數須有百分之八。

以上次加州州長選舉爲例，四位候選人得票總數是八百七十餘萬張，百分之五應爲四十餘萬張，所以要提一個法律創制案需要四十餘萬人的連署，這顯然不很簡單。可是那次選舉居然提了十五個創制或複決案，動員了選民數千萬人次，也可見美國民意的旺盛。

但是需要那麼多人的連署，這在提案人方面，乃是一個沉重的負擔。加州在前雷根州長任內發動的一次減稅創制運動中，爲了徵得連署人，雇用了大批專門人手上門徵求署名，平均每名付費三角。他日連署人如爲四十萬名，花錢就將多達十餘萬元。而且爲着獲得多數選民的支持，尚須付出更龐大的宣傳費。

四

選舉的確很靡費，但是民意能夠從而突出和申張，這個收穫卻不是金錢所能比較和計量的。

我國現正急着要建立若干國是問題的共識，但是朝野內外自說自話，難以協調，我想我們不妨試辦民意測驗和民意創制或複決，以求認同。後兩者在中華民國憲法第一百三十六條和第二十七條第二項本有規定，而依第二十七條祇須立法院制定並由總統公佈一個創制複決法，國民就可依法行使。

而且創制乃是我國固有的古禮或古法，它不是美式民主或舶來品。以《周禮》一書爲依據，我國古代的民主程度實已超過西洋稍遲以後的「貴族民主」。《周禮》記載，古代政府遭逢三件大事，須由小司寇向萬民徵詢意見：「一曰詢國危，二曰詢國遷（都），三曰詢立君。」

我預料我們將會有若干敏感問題，特別是對付中共的統一和統戰，必須以一千八百萬人的民意行之，方能內息浮議，外示一致，並以擴大政策的基礎和增強號召的聲勢。所以對於民意及其表示和突出的方法，我們不可輕忽或畏懼，而應作妥善的準備和靈活的運用。

七十一年

無「溝」可「通」有「識」難「共」

自美回臺後，我頗感朝野隔膜更甚於前，不勝憂慮。我曾一再強調交響樂團的道理。它的樂器包括管、絃、鑼、鼓，它的調門包括高音、中音和低音，如果不加協調並求和諧，則噪雜衝突，逆耳煩心。所以交響樂團須有一個共同的樂譜，並有一人加以指揮，團員必須照指揮棒和樂譜演奏，但指揮者也應照譜指揮，並讓團員各盡其能，各展所長。雙方都不許亂來。這樣方能和諧美妙，悅耳賞心。這個道理也應適用於政治。於是在野人士和執政當局都須各盡責任，各守分際，上下同欲，內外一心。

我所接觸過的黨內外人士多能接受這個法則。但有人抱怨執政黨和政府有時在政治上不免「離譜」，而他們又沒有與指揮者溝通協調的機會，因而各說各話，甚或背道而馳。他們希望執政當局有人與他們交往洽談，雙向溝通，以期獲致共識。

但黨外方面最近離譜很也很厲害，而且先取攻勢。他們在中山堂發表的那個「共同主張」，鼓吹「基本法」，自是違憲悖理。但雙方在事先或事後都沒有，也不想有溝通和協調。甚至《自立晚報》邀請立法院黨籍和無黨籍委員的一次國是座談會，也遭一方抵制而不能圓滿舉行，未免令人失望和費解。溝通既無「溝」可「通」，所以共識就有「識」難「共」了。

鑒於國內尚有省籍和黨籍的成見以及很多人希望在野政治力量發揮制衡作用，以推動政治的革新和進步，所以在野勢力未可輕視，又鑒於一部分在美知識分子和臺獨，與美國自由派頗有聯繫和相當力量，頗足妨害我國的外交和團結，更鑒於中共對國內外的統戰和冷戰花樣翻新，爲患日大，鑒於這些鐵的眞實和冰的寒冷，我深感執政黨或政府以及異議人士和反對勢力必須加強溝通，建立共識，一致對外。

由於一位郭先生的〈溝通自擾論〉，我要指出，于故院長的鬍子應該放在棉被外或棉被內，乃是小事，他人自可不問，于先生也不致因而「整夜未闔眼」。但是有些政治問題，監察院的委員職員甚至老百姓都必須問他，他也不能不管。廚房當然不涼爽，如果怕熱，祇好不做廚子，不進廚房。搞政治更是如此。

我們大家如果尚有「憂患意識」或「危機感覺」，就不難知道應該怎樣自反自制，相讓相容，以利國家也利自己。

七十一年一月十九日

眞實的憂患和艱難的團結

在團結自强協會致詞

我這次出國正好碰上兩樁比較重要的事。第一件是世界臺灣同鄉會及北美臺灣人教授協會召開年會，第二件是八月十七日美國與中共「聯合公報」的發表。國內和國外都同樣關切，我正好適逢其會。

從這兩件事，我深覺政府當局所關切的所謂憂患意識，實際上的憂患實比我們一般所認定的還要嚴重好幾倍。但國外有些青年人對此並無深切感覺，有的甚至認爲政府當局這種憂患意識的呼籲，是用來對抗社會上或年輕一輩人要求改革的盾牌，此實誤會。由世臺會和臺灣人教授年會兩次會議來看，團結的工作和溝通的工作實在不僅是困難，且有大大加強的必要。若自己國內的人彼此都不互相了解、溝通，甚至互相抵銷，這是眞正的憂患，而事實確是如此，也可見本會任務的重大。

其次，關於美國與中共的聯合公報，我當時也寫了一篇文章，談〈第二個公報和第二個十年〉，其實，此次公報比第一次公報對我們更有實質上的傷害。第一次上海公報祇是一個開頭，到卡特與我斷交才成爲災禍。這次「聯合公報」由凍結美國武器的質與量，到逐漸減少，以至於所謂「最終解決」，對我們實已構成實質的憂患。後來美國與中共雙方雖曾就公報各點有所「澄清」，但仍是各說各話；美國說「最終解決」並非最後停止，中共則堅持就是最後停止，看來中共仍將緊追不放。

不管最終解決或最後停止，今後我們的困難都是更嚴重，國人應該趕快加速自助自強。如何開始做呢？就是要團結。因爲不團結，便予敵人可乘之機，何能對付它的威脅？

沈君山先生上次在美奔走呼號，任勞任怨，我恐怕因而影響了他對團結工作的興趣和信心，他如失敗，恐怕沒有第二人有足夠的條件來取代了。所幸大家對沈先生均表欽佩，而他對工作的困難也早有預料。希望大家能支持他和協助他。本會幸甚！謝謝各位。

七十一年十一月二十二日

致沈君山秘書長的信

君山先生惠鑒：前上蕪函，懇陳弟不能主持團結自強諮詢委員會之理由。但僅舉年老力衰一端，而實則亦因弟爲執政黨黨員，且爲中央評議委員，又爲國策顧問，此項官方身分殊不適於該項工作。弟過去鑒於溝通團結之重要，曾與黨外人士稍稍往還，已引起一部分同志之攻擊，如再多做，自必成爲衆矢之的，此則弟所深痛而必須避免者也。區區苦衷，當荷諒之。此函擬抄呈蔣秘書長，便中並請代達爲荷。順頌

籌祺

弟陶百川　敬啓

七十一年四月十七日

回憶政治協商會議

四十一年前，國民政府爲求與中共和諧團結，經民主黨派和社會賢達的敦促中介，召開政治協商會議。

那時抗戰已經結束，我已從重慶回歸上海。但中央黨部秘書長吳鐵城先生，電囑我趕往重慶，擔任與政治協商委員的聯絡工作。因爲他們多半是國民參政會的參政員，而我與他們共事已達七年，頗多往還，我因而能夠了解政協的一般情形。

臺灣現在政治開放，朝野重視協商溝通，但反對者仍大有人在，而且常以政協作爲殷鑑和藉口。我因而特寫本文，以供參考。請從國共合作說起。

參政會在國共衝突中扮演中介角色

民國二十六年八月二十五日，中國共產黨發表宣言，提出四項承諾：「一、中山先生的三民主義，爲中國今日之必需，本黨願爲其徹底的實現而奮鬥。二、取消一切推翻中國國民黨政權的暴動政策及赤化運動，停止以暴力沒收地主土地的政策。三、取消現在的蘇維埃政府，實行民權政治，以期全國政權之統一。四、取消紅軍名義及番號，改編爲國民革命軍，受國民政府軍事委員會之統轄，並待命出動，擔任抗戰前線之職責。」

但二十九年七月，原駐江蘇北部的新四軍陳毅部隊過江進犯國軍，後者受創甚巨。國府在十二月九日命令新四軍限十二月三十一日以前撤回長江以北。該軍不理，且更襲擊國軍第四十師，政府乃下令制裁，將該共軍全部解散，並拿獲軍長葉挺。

那時國民參政會二屆一次大會不久開會，中共參政員毛澤東、陳紹禹、秦邦憲、林祖涵、吳玉章、董必武和鄧穎超等七人，拒不出席，向參政會提出十二條款，作爲恢復出席的條件。參政會鑒於該會是爲團結全國各方面而開，自不能聽任抗戰正在緊急關頭，而團結便開始分裂，故不能不出而調解。但中共參政員態度僵硬，不達目的，決不出席，於是參政會乃決議：

一、本會於閱悉毛參政員澤東等七人致秘書處函電，董參政員必武等二人本月二日致秘書處函件，暨聆悉秘書處關於此事經過之報告，對於毛董諸參政員未能接受本會若干參政員與本會原任議長之勸告，出席本屆大會，引爲深憾。本會爲國民參政機關，於法於理，自不能對任何參政員接受出席條件，或要求政府接受其出席條件，以爲本會造成不良之先例。

二、本會連日於聆悉政府各種報告之後，深覺政府維護全國團結之意，至爲懇切。一切問題，除有關軍令軍紀者外，在遵守抗戰建國綱領之原則下，當無不可提付本會討論；並依本會決議，以促政府之實行。因是，本會仍切盼共產黨參政員深體本會團結全國抗戰之使命，並堅守共產黨民國二十六年九月擁護統一之宣言，出席本會，俾一切政治問題悉循正當途轍，獲得完善之解決，抗戰前途實深利賴。

中共參政員後來雖對參政會大會繼續抵制，但中共與政府的商談則並不中斷。三十三年九月參政會舉行三屆三次大會，政府代表張治中和中共代表林祖涵分別在參政會報告商談經過。該會決議：「一、組織延安視察團赴延安視察，並於返渝後向政府提出關於加強全國統一團結之建議；二、推薦冷參政員遹、胡參政員霖、王參政員雲五、傅參政員斯年和陶參政員孟和五人，爲視察團團員。」

三十四年七月，國民參政會舉行四屆一次大會，要求雙方：「繼續採取可能之政治步驟，及協調之精神，求取全國之統一團結。本會同人並盼中共方面深體統一團結之重要，使政府所採之政治步驟獲得其預期之效果。」

政治協商會議及其成就

半年後，三十五年一月十日，舉行由五方面代表所組成的政治協商會議。它是蔣主席和毛澤東重慶「雙十會談」結論之一，但實爲國民參政會所促成。參政會原想以該會爲基礎，組織一個特別委員會，討論國共問題，後來方改開政治協商會議。

政治協商會議的召開辦法：

一、國民政府在憲政實施以前，召開政治協商會議。

二、會員名額定爲三十八人。其中分配情形計爲：第一方面中國國民黨八人，第二方面中國共產黨七人，第三方面民主同盟九人，第四方面青年黨五人，第五方面社會賢達九人。第一至第四方面的會員由各該黨派自行推定，第五方面會員則由第一至第四方面共同推定，都由國民政府主席聘任之。

三、開會時以國民政府主席爲主席。

四、會議商定事項，由會議主席提請國民政府實施。

協商會議代表推選結果，在三十八人中，國民黨方面共佔二十一人，中共方面十七人，國民黨顯佔優勢，所以會議結果就國民黨說，也差強人意。

政治協商會議自三十五年一月十日至二十一日共開大會九次，分組會議三十八次，所有重要問題都獲得協議。要旨如左：

一、關於政府組織案：1.國民政府委員名額定爲四十人，由國民政府主席就中國國民黨內外人士選任之。2.國民政府委員會之一般議案，以出席委員之過半數通過之，國民政府委員會討論之議案，其性質涉及施政綱領之變更者，須由出席委員三分之二之贊成，始得決議。3.行政院部會長官及不管部會之政務委員均可由各黨派及無黨派人士參加。

二、關於和平建國綱領案：1.遵奉三民主義爲建國之最高指導原則。2.全國力量在蔣主席領導之下，團結一致，建設統一、自由、民主之新中國。3.確認蔣主席所倡導之政治民主化、軍隊國家化及黨派平等合法，爲達到和平建國必經之途徑。4.用政治方法解決政治糾紛，以保持國家之和平發展。

三、軍事問題案：1.軍隊屬於國家。2.禁止一切黨派在軍隊內有公開或秘密的黨團活動。3.改組軍事委員會爲國防部，隸屬於行政院；國防部內設一建軍委員會，由各方人士參加。4.軍事三人小組照原定計畫，儘速商定中共軍隊整編辦法。

四、關於國民大會案：1.一九四六年五月五日召開國民大會，第一屆國民大會之職權爲制定憲法。2.區域及職業代表一、二〇〇名照舊，臺灣及東北等新增區域及職業代表一五〇名。3.增加黨派及社會賢達代表七百名，其分配辦法另定之。

五、關於憲章修改原則案：對國民政府在戰前公布的「五五憲章」提出修改原則十二項，並組織憲章審議委員會，根據修改原則，參酌各方提出的意見加以整理，制定五五憲章修正案。

大陸失敗的基本惡因不是溝通中介

但是國民參政會的溝通調處或和平努力，並未爲國家帶來團結和平。三十六年三月二十八日，蔣主席在該會惜別茶會致詞，指出中共應任其咎。他說：「今當本會結束之際，個人回想十年以前，政府有一決策，至今引爲遺憾者，即對於共產黨估計的錯誤。政府當時以爲共產黨在民族大義之前，必能放棄其推翻政府破壞統一之陰謀，而與全國同胞共同戮力於抗戰建國之大業，故容納其參加本會。不料此一錯誤之決定，乃釀成今日之惡果。現在共匪公開叛變，使國家領土不能收復，人民痛苦日益加深，此政府所應負責者。」

但我以爲政府也不必過分自責。想當年（民國二十七年）強敵侵凌，首都陷落，政府設立國民參政會以團結全民，共禦外侮，而說可以不讓中共參加，甚或與它打內戰麼！那當然是不可能的。

距今十幾年前，我參加了「探討政治溝通的正確方式」的座談會，討論「重慶政治協商會議及以後的黨派接觸，導致大陸失敗的主要基因，宜如何避免？」我指出：

查政治協商會議，召開於民國三十五年一月十日，在同月三十一日閉幕和結束。但在這以前，大陸已經埋下「失敗的主要基因」。因爲：

第一、中共在三十四年八月十五日日本宣佈投降的同一天，通知日本派遣軍總司令須向中共投降。

第二、八月二十八日毛澤東經蔣主席三次電促，由美國大使赫爾利陪同飛抵重慶，向國民政府提出左列四項要求：

一、重選國民大會代表，延後國民大會召開日期，修改國民大會組織法和五五憲法草案。

二、共軍改編爲二十四師，中共中央及地方軍事人員應參加軍事委員會及其他各部門工作，

「解放區」民兵應一律編爲自衞隊。

三、陝甘寧邊區及熱河、察哈爾、河北、山東、山西五省，應委中共推選的人員爲省政府主席及委員；綏遠、河南、江蘇、安徽、湖北、廣東六省，應委中共推選之人員爲省政府副主席及委員；北平、天津、青島、上海四特別市，應委中共推選的人員爲副市長；東北各省，容許中共推選的人員參加行政。

四、重劃受降地區，使中共參加受降工作。

在那種情勢下，國民政府祇有兩途可循：一是對中共聲罪致討，不惜觸發大規模內戰，二是借助第三者的溝通，與中共談判妥協。

但在八年抗戰之後，民窮財盡，人心望治，內戰自不容再起，政府也沒有勝算。而且那時美國亟欲拉攏國際的和中國的共產黨共同對付日本，不願我國陷入內戰，所以對政府使用壓力，促成和談。

政府明知政治協商會議無拳無勇，不可能產生奇蹟，但是權衡利弊，仍認爲利多於弊，所以積極推進談判協商。

由此觀之，政治協商會議似有不能不開之勢，而開會所得協議，對政府也沒有不利。至於後來大陸淪陷，則原因很多。政治協商會議的確沒有挽救危局，但它似乎不能被認爲是「大陸失敗的主要基因」。

七十四年

論組黨戒嚴法統和基本法

答李寧小姐八問

一問：自從去年八月十七日，上海二號公報發佈，九月二十三日，尤淸發表「政黨組織章程」草案，九月二十四日，林洋港在立法院表示：「此時此地不容組織新黨」，九月二十八日，黨外在中山堂發表六項「共同主張」及「美麗島受難人共同聲明」，受到各大小報紙圍剿，接着從十月四日起至十一月六日，三十六天之間，停刊一本雜誌，查禁五本雜誌，十月中旬，孫院長提出建立共識的呼籲，黨外提出基本法的討論，陶委員對這四個月來的政治氣氛有甚麼感想？

答：這段期間我不在國內，所知不多。但對這種政治氣氛頗感憂慮。好在聽說黨外人士的新黨運動尙在敎育鼓吹階段，不會快速實行，所以衝突也已緩和。但是政黨政治乃是民主政治的關鍵，因爲一個國家儘管有憲法，有選擧，有國會，但如拒斥政黨政治，還算不得是眞正的民主。這是政治學和憲法學的必修課題，除非學校不准講授，政黨政治的種子和要求，必將代代相傳，生生不息。所以，縱使現在不准組織新黨，但就這個問題從事討論，包括贊成和反對，依法依理依勢，都不宜禁止。在朝者不必過分緊張，在野者不可過分急進。但黨外在中山堂所發表的「共同主張」，鼓吹國家基本法，這已被認爲是要廢除中華民國憲法，當然會招致圍攻，以後應引以爲鑑。

二問：立委蘇秋鎭認爲現在的跡象，就像美麗島事件前夕那種氣氛，他的看法很悲觀。陶委員的看法如何？

答：這種氣氛難免引起悲觀，但也不必太悲觀。因爲現在上下內外前後左右，四面八方危機潛伏，環境更不如前！所謂「憂患意識」甚至「危機感覺」絕非危言聳聽。明達人士都應有這個了解，都應格外自反自制，相讓相容，不可亂來。

三問：孫院長提出共識的呼籲後，當局並未有實際的進展，費希平對「溝通」抱持悲觀看法，他認爲黨外與國民黨距離很遠，難以達成共識。譬如對戒嚴、組黨的問題，黨內外皆各持己見，自說自話，如何能溝通？陶委員對這個問題的看法如何？

答：「人心不同，各如其面」，達成共識，本不容易，但並非絕對不可能。以戒嚴和組黨問題而論，黨內外一向各持己見，自說自話，但是如果有適當的管道和機會，大家平心靜氣從事討論和溝通折衷和妥協，則未始不能獲得適當的共同了解、諒解和化解。可惜現在沒有這樣的管道和機會。

四問：面對當前的政治低氣壓，黨外應該如何？

答：我的建議是「持其志，毋暴其氣」。

五問：政府遷臺後，把中央民意代表，透過大法官會議，解釋爲不必改選，多少年來當局高談法統，請問陶委員「法統」二字應如何正確解釋？因爲如果法統在法不在人，就不應強調以人代表法統才對。

答：關於法統，我支持蔣總統在去年行憲紀念大會的指示：「憲法就是我們的法統」。因爲他認爲：「中華民國憲法是一部天下爲公，正大光明的憲法，也是一部全民的、多黨的、民主的憲法。這部憲法是我們民族和國家的命根」。

六問：目前國會功能確實比六十九年好，但距離理想，仍有段距離，面對老成凋謝，議事功能低落的情況，祇有先從改善國會結構做起。陶委員是否可以提出一點建議？

答：面對國會老成凋謝，功能低落，我曾建議增額立法委員和增額監察委員的名額，尚可增加。

七問：國民黨對索忍尼辛、吳榮根和王炳章這些人的反共宣傳方式，是否太過老舊和情緒化？以後在「反共」的宣傳上應如何突破？

答：國民黨對索忍尼辛和吳榮根兩位的反共宣傳方式，我覺得並沒有甚麼不妥，但對王炳章的吹捧則有點過分多情和急遽。

八問：黨外對「基本法」的討論，已引起一些反響，陶委員的看法如何？

答：我以為憲法是生長的，而不是死板的，是原則而不是教條，所以它未始不可修改，有時且有修改的必要。過去我國是用臨時條款來修改，以後如有修改的必要，仍當採用臨時條款的方法，而不應代以所謂「基本法」，那是違憲悖理，而且也不切實際。

李小姐請容我再講幾句，以作結束。自美回臺後，我頗感朝野隔膜更甚於前，不勝憂慮。我曾一再強調交響樂團的道理。它的樂器包括管、絃、鑼、鼓，它的調門包括高音、中音和低音，如果不加協調並求和諧，則噪雜衝突，逆耳煩心。所以交響樂團須有一個共同的樂譜，並有一人加以指揮，團員必須照指揮棒和樂譜演奏，但指揮者也應照譜指揮，並讓團員各盡其能，各展所長。雙方都不許亂來。這樣方能和諧美妙，悅耳賞心。這個道理也應適用於政治。於是在野人士和執政當局都須各盡責任，各守分際，上下同欲，內外一心。

七十二年一月十日

答臺大新聞社九問

一問：就我所知，國策顧問並非煩忙的工作，請問陶先生公暇之餘都做些甚麼？

答：你說國策顧問並非繁忙的工作，這須看是那一位國策顧問。因為有幾位必須每天到總統府辦公，有幾位常在替總統和政府研究問題，提供意見，但也有根本不必上班或絞腦汁的。我是介乎多做和不做的中間，所以有時也很忙。至於我公餘之暇做些甚麼？這就很瑣屑。例如我今天接待你們四位，聽你們提出問題並作答覆。類此之事，不勝枚舉。

二問：陶先生你的子女在美國都有成就，日前你到美國去，亦有人認爲你可能定居美國，如今你又回臺灣了，是否在國是方向對自己仍有所期許，抑或主要在臺從事學術研究？

答：我有子女五人，三個在美國，一個在歐洲，另一個在臺灣。以我的環境和年齡（八十一歲了）以及我在美國求學和工作的經歷，我應該可以長期住在美國，依親爲生，而且在美國也未始不能做些報效國家的小事。但我覺得在臺灣能夠作出較多的貢獻。

三問：談到學術研究，我們都曉得陶先生在監察制度方面的研究頗具心得，可否請你就我國現行監察制度做一個評介？

答：這事說來話長。我曾替三民書局寫過一本《比較監察制度》可供參考。

四問：監察院功能的不振是否由於權力的過分分散，如司法院公務員懲誡委員會的約制？抑亦是其它原因？

答：監察院功能的不振，原因很多，我在《比較監察制度》中，頗多陳述，現在不能細表。

五問：就過去組黨的經驗，現在醞釀組黨是否會重蹈覆轍？

答：我希望現在不致重蹈過去組黨悲劇的覆轍，因爲現在的時代和環境都不同於從前了。如果再蹈覆轍，則從而發生的禍患，自必極爲嚴重。我希望朝野各方都能自反自制，以自求多福，從而福國利民。

六問：現在組黨的壓力極大，「黨外」是否不必去申請這個「牌照」，而以「實力的存在」，對權力的制衡更有價值？

答：現在黨外對組黨問題尙停留在鼓吹和教育的階段，還沒有準備去申請「牌照」，但對執政黨和政府已經發生一些權力制衡的作用，而我國的憲政制度是允許和鼓勵制衡的，多數明達愛國人士，乃至也有愛護國民黨和政府的人，也確認制衡的必要和價值。如果有人連這一點點的制衡也容忍不了，有人或根本放棄制衡的職責，使現有的一絲制衡都不能存在下去，那將是國家的不幸，也是對國家的不忠。但我相信我們大家尙不致這樣的愚蠢和任性。

七問：談到組黨的問題，使我們不禁想起另一個大家關心的問題——中央民意代表權的問題，你是否願就這一方面談談你的看法？

答：中央民意代表權力的大小，與制衡有極大的關係。我不願見民意機關對行政機關的制衡過分強大，使行政機關不能發揮它的功能。反之，我也不願見行政機關把民意機關弄成橡皮圖章。落實到現在的情況，立監兩院的制衡力量尙須增強一點，所以資深代表應該鼓其餘勇，特別努力，而增額代表的人數尙應擴充，選舉辦法也當改進，以期眞正做到選賢與能，對政治發揮恰到好處的制衡。

八問：李鴻禧先生說法統，在他看來，應該是君主時代的產物，今天還有人說法統，他們要的不是法統，而是「人統」。如果有所謂法統的話，那就是我們的憲法，依憲法選出之中央民意代表自可代表全中國人，自無所謂法統問題。不知陶先生的看法如何？

答：在君主時代，法統就是人統，李教授這話頗有道理。但現在各方關切的所謂法統，乃是指憲法的統治。如果現行憲法能夠持續和生長並依憲法產生可以代表全中國的中央民意代表，法統就不成問題。

九問：人們常會批評大學生對政治的參與是理想多於實際，是感情多於理性。然而如今校園普遍呈現的政治冷感，卻又叫人傷心。

答：大學生是青年而不是老年，遇到政治問題當然是理想重於現實，感情多於理念，但這不足為病。而且將來潛移默化，自然會成熟平衡。如果大學生都沒有理想，都缺乏感情，則古老的中國將會老化而缺乏活潑的生機，那才「叫人傷心」呢！

七十二年一月五日

建立政黨競爭的規範與共識

立法院新會期即將開議，去年底的增額立委選舉雖無結構性變化，執政黨仍居於絕對多數地位，但反對力量組織化的出現，加上反對力量當選者量的增加及反對強度的提高，立法院的政黨競爭情勢已隱然成形。

我國憲政史上尚缺政黨競爭的經驗，朝野應如何建立競爭的規範與共識，執政黨應如何革新黨政運作制度，加強黨內團結，以強化競爭體質，提高競爭能力，是社會共同關心的話題，本報特於立法院開議前夕，舉辦一系列座談，邀請觀點不同的立法委員發表意見，並另請一位專家學者居中評論。

參加第一場座談會的人士是：（以發言順序排列）立法委員黃煌雄、立法委員趙少康、國策顧問陶百川，以下為座談內容摘要。

（《聯合報》記者）

對外溝通對內民主

陶百川：政黨競爭形態形成後，黨團和中央黨部間的關係可能會陷於對立，非常值得重視。個人以爲應作充分溝通和協調，但中央應特別尊重黨團的意見。因爲立法委員面對選民的壓力，對許多問題必須有所主張和表達。所以將來黨團應給委員充分自由，而中央黨部對之則應充分容忍和尊重。

面對立法院新情勢，執政黨似可採取下列幾項態度和作法：

一、表決控制，意見自由：就是讓黨籍委員有充分的發言和質詢機會，表達他們和選民的意見，到充分溝通後方付諸表決，而表決則須力求一致。

二、政治領導，大棒則走：後一句是中國古來孝子事親之道，共有兩句：「小棒則受，大棒則走。」引申之可做爲黨和黨員間關係的處理原則。黨除了靠黨德和黨誼去領導黨員外，更應重視「政治領導」。但政治領導，也該讓委員個人以良知去判斷應該服從的程度，而不可動輒以紀律去制裁。美國民主共和兩黨的議員平均總有百分之三十左右不照黨團決定投票，可供深思。

三、對外溝通，對內民主：執政黨和其他黨派都應本容忍妥協的精神，對外力求溝通，對內尤應加速民主化，例如立委黨部的常委及委員都應由選舉產生。

雙方都講公道恕道

陶百川：建立政黨競爭規範，最重要的是雙方都要講求「公道」和「恕道」。老子曾經說過，公道猶如拉弓射箭，高則抑之，低則舉之，有餘者損之，不足者補之。意思就是要恰到好處。民衆的眼睛是雪亮的，公道自在人心，未來雙方都應特別注意。至於恕道。孔子說得最好：「己所不欲，勿施於人」。如果大家都能力行這句話，政黨競爭就不會鬧成鬥爭了。

談到這裏，個人深覺立法院議事規則有修正的必要，目前規定立委提案需要二十人以上聯署，但監察院則除彈劾總統副總統外，任何提案都不需他人聯署。爲了競爭公平，最好能將提案人數修正恢復爲十人。

勿將羣衆帶上街頭

陶百川：在反對黨看來，「爲反對而反對」以及訴之於人民大衆，原則上並沒有錯，但在反對和訴求的時候，必須注意不許把羣衆帶上街頭，因爲有走向暴力的危險。其實擴大影響力，反對黨還有其他辦法。例如美國小羅斯福總統的爐邊談話以及雷根總統每週一次的廣播報告，將政策訴諸選民，以化解參、衆兩院的反對壓力，就是很好的辦法。

立法院要自修・「民進黨」要自制

——怎樣化解「四一九」而邁往政黨政治

最近一位C立法委員對我說：「百川兄，你最好到立法院去看看，前門後門都給請願的人包圍了，聲勢洶洶，我很怕怕！」

老友之言感慨系之

我說：「立法院有福了！」他說：「什麼道理？」

我說：「想從前立法院『門前冷落車馬稀』，可見老百姓不很重視也不很理會立法院，而今熱鬧起來，足見他們重視立法院了。那不是可喜可賀麼！」

過了一陣，一位S先生也對我說：「百川兄，你總是與壞人溝通，爲甚麼不與好人溝通溝通呢！」他可能有感於C委員的話，而把那些洶洶怕怕的聲勢氣氛與壞人連在一起，並歸咎於我們鼓吹自由民主和政黨政治，而且曾爲朝野的和諧團結和國家的民主法治而一度扮演溝通中介的角色。

S先生的話題有瑕疵，但並不足怪。因爲曲高和寡，古今同慨，而有些黨外人士做得也的確過分。

雖然如此，那兩位老友的話，卻引起了我的感慨，我當時沒有深論，祇引述了蔣總統所說的「時代在變，環境在變，潮流也在變」，於是我們也不得不變。我們現在祇有因勢利導，用民主去迎合民主的要求。封閉的心態和陳舊的方法已經不中用了。

以溝通和中介而論，儘管有點副作用，我迄今尚認爲很有價值，而且尚有做的必要，不過不能再由我參與而已。

改善規範尊重質詢

但是溝通畢竟祇是一個過程或一種方法，它的目的，是在謀求共識，解決問題，而不是爲溝通而溝通。以本文所欲化解的羣衆示威運動並把它導入議會政治這一任務來說，政府至少尚應修改立法院議事規則，首先是改善質詢規範。我想這是增額委員包括黨內和黨外所最重視的。

因爲議員質詢，爲用很廣也很大。一、他們須用質詢以調查政情和考察政績；二、他們須用質詢以反映民意，爲民喉舌；三、他們須用質詢以發表聲明，表達政見；四、他們須用質詢以向政府蒐集資料，解決疑難。

質詢因有這樣多的功能，許多國家特別是內閣制國家的議員都須充分利用。例如英國國會每週就以四天上午十一點到十二點專供質詢之用，而每天的質詢案多達七十至八十件。

有了這樣認知，我對立法院所加於委員提案和質詢的限制，一向不以爲然。所以對於余政憲和許榮淑兩委員日前爲要求倪院長延長質詢時間而不得的痛苦表情，不禁發生同情之感。按那天余委員說：「我好不容易當選爲立法委員，現在多說幾句有何不可！」許委員要求倪院長准她預支再質詢可用的十五分鐘，讓她一口氣多說一些，但僅獲准三分鐘。

可是倪院長因受議事規則的限制，不予通融，也是責所當然，我對他也很同情。但這種限制究嫌過嚴。如果修改議事規則，授權院長酌予延長，可望利多於弊，皆大歡喜。

美國的費力白死脫

美國國會的院會沒有質詢程序，但可調查，而在各委員會則可質詢。但美國參議員享有「費力白死脫」(filibuster) 特權，它規定每一個參議員對同一議題可以暢所欲言，主席不能加以阻止。例如摩爾斯參議員曾在一九五三年創下長談二十二小時又二十六分的發言紀錄。除非三分之二參議員議決要他停止發言，他有權說個不休（柏泰生著《爲民所治的政府》第四〇二頁）。

由此觀之，議會政治眞不是好東西，可惜迄今還沒有比它更好的。所以在議會政治和街頭示威之間，民主國家不得不選擇前者。

但像那樣增加質詢和發言的時間，立法院的時間不是不夠用麼？很簡單，祇須向一般公務機關看齊，每天辦公八小時，就能多開幾次會議了。

開展民主之道，當然尚有其他課題，但一步不能登天，祇須政府確實在做，我們便應樂觀其成，不可操之過急，興風作浪，以致欲速不達，功敗垂成。

有這理念，現在我們可以試論「四一九」總統府示威抗議。這個運動是由「五一九綠色行動本部」所發起和主持，總召集人是陳水扁先生。三月二十九日陳先生等十八人向「民進黨」代表大會提案要求該黨「接管」，經主席江鵬堅提議與該黨中執會一案合併討論，結果以六十一票對三十二票通過「支持四月十九日上午十時在總統府示威抗議」（《民進報》周刊第六號）。

救火消災朝野共謀

在該案「大辯論」中，江鵬堅先生主張「把這個事情交給中常會處理」。這很妥適，可惜他並未堅持。但他事後撰文表示：「四一九行動在發動之前已經成立組織，本黨如果要中途接管，……不但在實際執行上有窒礙難行之處，而且影響制度的建立」（同前）。

在該辯論中，費希平和傅中梅（正）兩代表對陳案反對甚力，尤清、江鵬堅、朱高正和王聰松四代表，也期期以為不可，而陳水扁、許國泰和戴振耀三代表則堅持到底。

以上情形都登在《民進報》第六號，該項討論過程的錄音帶摘要是由尤、朱、王和許榮淑四代表聯名正式行文該黨中央黨部要求公開披露（同前）。

我引述這些情形，旨在指出「四一九」總統府示威抗議在「民進黨」內尚未形成共識，一般人民可能連一向支持「民進黨」的在內也未必能冒險盲從，我因而要奉勸主持其事的黨外人士能夠適可而止。否則，面對政府的強硬心態和社會的袖手旁觀，黨外如果一意孤行，則大之可能重演高雄事件，釀成大獄，小之可能暴露黔驢之技，留下笑柄。兩者都非民主之福。

善爲疏導尚有可爲

總之，像那樣由「民進黨」出手領導「四一九綠色行動」，以反對國安法爲理由，而以總統爲對象，在此時此地舉行街頭示威抗議，我作爲黨外一個多年老友和民主奮鬥一個長期老兵，我不得不指出它的主體是錯誤的，對象是錯誤的，主題是錯誤的，時機是錯誤的，地點是錯誤的，策略是錯誤的，後果將會很嚴重。

其次，我也想指出，從上述本案的發展來看，「民進黨」擁有老成高明之人，這也是組織化的功效。假以時日，待以善意，可望它更能自制自強，成爲合理合法的制衡力量。但是四一九的危機，必須設法化解，而「民進黨」似已有這力量和機會，自應勉爲其難。企予望之！

最後，我預料，政府爲了確保社會秩序和國家安全，將會動用警力和法力，不再退卻，但我仍得呼籲政府務須先之以溝通和疏導。我建議主管機關的負責大員速即邀請「民進黨」和五一九或四一九行動的負責人士作切實坦誠的溝通，並將經過情形公之於世，以昭大仁大義和大公大信。國家幸甚！

七十六年四月八日

（附載）六項嚴重的「錯誤」

——全社會要及早阻止的危險行動

《聯合報》社論

負責研擬「四一九和平示威行動」策略的「民進黨」五人小組，前天作成三點建議，要求發動黨員及民衆支持該項活動。不管這是否就是「民進黨」所說的「協辦支持」這一活動的立場，我們深覺這是非常不理性的作法，心所謂危，不能不及早表示一些意見，希望「民進黨」有識之士挺身勒馬。

正如陶百川先生昨日在本報發表的「立法院要自修『民進黨』要自制」大文裏指出的，「總之，像那樣由『民進黨』出手領導『四一九綠色行動』，以反對國安法爲理由，而以總統爲對象，在此時此地舉行街頭示威抗議，我作爲黨外一個多年老友和民主奮鬥一個長期老兵，我不得不指出它的主體是錯誤的，對象是錯誤的，主題是錯誤的，時機是錯誤的，地點是錯誤的，策略是錯誤的，後果將會很嚴重。」

陶百川先生自稱爲「黨外一個多年老友」，這應是「民進黨」人士共認的「交情」；然則，益者三友，陶先生對「民進黨」所指出的六項嚴重的「錯誤」，應是益友肺腑之言，也應不是對「民進黨」的「偏見」。我們相信，陶先生之言，不僅是他個人的看法，也具有廣大知識分子的代表性。事實上有許許多多的人並不贊成「民進黨」這種作法，但沒有說出來，現在陶先生說出來了，「民進黨」人中如有政治家抱負者，實在應該鼓起道德勇氣與政治風骨來響應的。

我們不擬重複陶先生文中所表達的意見，却要藉此對於所謂「四一九」示威行動，作一平心靜氣的分析。

這一「行動」是甚麼？以及爲甚麼？由於行動的發起者和支持者已將其運用作爲一種政治「符咒」，以致本末不明；因此，根本的一些問題，是社會大衆想要問的，也是大家最想要知道答案的問題。

第一、這一示威行動是不是需要的問題。羣衆運動和遊行示威，是民主生活的一部分，也是爭民主自由手段之一；但卻不是民主生活的全部，也不一定就爭的是民主自由；共產政權下的那些「運動」就是個共知的反證。當前這裏的情勢，無論是執政黨的基本態度和政府的作法，都一直是朝民主自由方向發展；執政黨當局更反覆一再聲明其加速民主化的決心和承諾，同時也採取了具體的行動來實現此等決心與承諾。況且「民進黨」已在立法院充分的運用「議會鬥爭」的手段對執政黨與政府施用壓力。在如此情況下，民主已經不再是有需要作街頭羣衆鬥爭的了。因此，以此爲標榜的活動，理由應不存在。

其次、羣衆街頭活動，雖是民主制度下所容忍和承認的；不過若是爲了反對而反對，這種活動便缺乏民主意義。今天我們所要的是民主；執政黨當局既有民主誠意，而調和各方觀點出入的溝通與討論等管道亦是敞開，並且尚在積極進行；我們就沒有捨此等管道而走上街頭的理由。

第二、是誰想要這樣的行動問題。客觀的說，現在大家都要民主，但大家也不否定民主與法治的不可分割關係，大家都不願安和樂利的社會受到破壞。不幸的是這樣的社會大衆，是「沉默的多數」，因而，在民主時代和民主社會中，尊重全民的福祉，應是政治活動的崇高目標，再也不許任何人「以萬民爲芻狗」；也就是不許將大家的福祉爲犧牲，以滿足或達成個人的政治權力慾望，或作爲個人政治理想的實驗品。

社會有不同的聲音是可喜的現象，不過我們現行的制度和社會也都給予不同聲音表達的機會，非執政黨人士在社會中和立法部門裏且都已有可表示意見的論壇。不幸的又是有的人卻認爲他的意見未被接受便是違背「民意」；在合法的體制下一己的慾望不能得到伸張，便想採取法律外和體制外的手段來達成支配體制的目的，這樣的態度是反法治的，更是反民主的，也是大家不能接受的！

大衆的眼睛永遠是雪亮的；錯就是錯，我們固然希望執迷者能省悟，但國家是大家的，爲了個人和全體福祉的維護，社會的成員也應表達公意，及早的阻止陶百川先生所說的六項錯誤的行動，以免造成「嚴重的後果」，危害了社會整體利益與民主憲政的前途。

《聯合報》七十六年四月十一日社論

朝野兩黨怎樣和平共存

去年這一年在執政黨與民進黨談談鬧鬧中算是平安度過了，幾度朝野衝突迫在眉睫，卻又峰迴路轉，有驚無險，全面衝突雖然没有發生，但朝野間因缺乏政治共識，議場與街頭的對峙和摩擦不斷爆發，對立氣氛時緊時寬。過渡期的脫序現象將回復正常？抑或從此變爲常態？

本報記者就此問題分訪總統府國策顧問陶百川、執政黨籍的立法委員趙少康、民進黨籍立法委員康寧祥，在一年開始之際預作評估。以下是陶百川的意見。（《聯合報》記者戎撫天、陳裕鑫特稿）

未來執政黨與民進黨的關係，可以套用我最近出版的一本新書《走向天堂也向地獄》來表達。也就是說兩者是「禍福倚伏」、「吉凶同域」。

過去一年多來，執政黨相忍爲國，准許民進黨以政黨名義運作，並得派員分往國外從事政黨外交活動，民進黨收穫很大。不過，勝利容易沖昏頭，民進黨訴求對象愈來愈高，所用手段愈試愈猛，路似乎也愈走愈窄。

我是黨外也可說是民進黨的益者三友，而所謂益者三友乃是友直、友諒、友多聞。所以我擔心它這樣做下去，可能自我凋零。就像一株植物，肥料、土壤、氣候如果不適宜，就會逐漸凋零，我很憂慮。民進黨如果凋零，臺灣今後十年內，不會再有反對黨出現。

執政黨曾經期望，藉溝通解決兩黨的爭議，但現在可以證明，溝通並無多大作用。這一點，民進黨要負大部分責任。大家怕民進黨內似乎有一隻看不見的手，誤導民進黨走革命路線。

兩黨互動關係的惡化，執政黨也有責任，執政黨對民進黨了解不夠，常從其中一個人的表面言行來判斷其心態，甚至整個的組織，因而作出錯誤的決定，惡化兩黨的關係。

目前的兩黨關係，雖未緊張到非衝突不可，但衝突可能突發，也可能偶發。現在不少人想藉機製造事端，而民進黨經常發動街頭運動，羣衆聚集的場合，很容易發生意外衝突，一旦發生衝突，政黨政治就「走向地獄」。

明年底將舉行大規模的選舉，我勸民進黨應該收歛一些，政治活動固然要作秀，但「秀」要能贏得多數觀衆鼓掌才行。

其次，民進黨的發展前途，還要看政府的做法。政府如能加速行政革新、更重視民意、更加強政治改革，減少人民對政府的怨懟，則民進黨便不足畏，它也會自我檢討和節制。

預期今年的兩黨關係，衝突將持續不停，社會中間力量便會變得非常重要。很多國家多由教會扮演中間力量的角色，我們則缺乏這種力量。但，我很欣賞幾年來我國的消費者文教基金會在生產者和消費者中間扮演很好的中間功能。其實政治方面也應該出現類似消費者文教基金會這樣的組織，知識分子必須也應該能夠扮演這個角色，形成中間力量，促使社會不致兩極化。

七十七年一月一日

溝通中介的嘗試

試爲「政治溝通」解惑和點睛

不久前我參加了「探討政治溝通的正確方式」的座談會討論「重慶政治協商會議及以後的黨派接觸，導致大陸失敗的主要基因，宜如何避免？」我指出：

查政治協商會議，召開於民國三十五年一月十日，開會十次，在同月三十一日閉幕和結束。但在這以前，大陸已經埋下「失敗的主要基因」。因爲：

第一、中共在三十四年八月十五日日本宣佈投降的同一天，通知日本派遣軍總司令須向中共投降。

第二、八月二十八日毛澤東經蔣主席三次電促，由美國大使赫爾利陪同飛抵重慶，向國民政府提出左列四項要求：

一、重選國民大會代表，延後國民大會召開日期，修改國民大會組織法和五五憲法草案。

二、共軍改編爲二十四師，中共中央及地方軍事人員應參加軍事委員會及其他各部門工作，「解放區」民兵應一律編爲自衞隊。

三、陝甘寧邊區及熱河、察哈爾、河北、山東、山西五省，應委中共推選的人員爲省政府主席及委員；綏遠、河南、江蘇、安徽、湖北、廣東六省，應委中共推選之人員爲省政府副主席及委員；北平、天津、青島、上海四特別市，應委中共推選的人員爲副市長；東北各省，容許中共推選的人員參加行政。

四、重劃受降地區，使中共參加受降工作。

在那種情勢下，國民政府祇有兩途可循：一是對中共聲罪致討，不怕觸發大規模內戰，二是借助第三者的溝通，與中共和談妥協。

但在八年抗戰之後，民窮財盡，人心望治，內戰自不容再起，也沒有勝算。而且那時美國亟欲拉攏國際的和中國的共產黨共同對付日本，不願我國陷入內戰，所以對政府使用壓力，促成和談。

政府明知政治協商會議無拳無勇，不可能產生奇蹟，但是權衡利弊，仍認爲利多於弊，所以積極推進和談和協商。

由此觀之，政治協商會議似有不能不開之勢，而開會所得協議，對政府也沒有不利。至於後來大陸淪陷，則原因很多。政治協商會議的確沒有挽救危局，但它似乎不能被認爲是「大陸失敗的主要基因」。

請本民主法治善待公政會

致友人書之一

××吾兄：

承賜手教，先後拜悉。憂國憂民，殊深同感，而對報載政府可能解散黨外公政會一節，尤覺不安。弟已函請當局懸崖勒馬。茲再爲吾兄陳之。

按吾國內憂外患日益嚴重，人民對於身家性命所寄託之政治表示關切，要求參加，不獨勢所必至，且亦國家之幸。政府不准組織政黨，已屬不合，如果連數十人之研究團體亦必欲將其解散自必騰笑中外，而爲親者所痛，仇者所快。

復查該會成立已逾一年，不獨並未妨害公衆利益，且對緩和政爭氣氛不無裨益。政府過去任其活動，不加阻撓，自合於爲政之道，亦爲謀國之忠。今若以尚未，而且僅以尚未登記爲理由，對此既存事實，突然欲加取締，是猶對未辦戶口登記之人剝奪其居住權，自必駭人聽聞。

但該會未辦登記，自屬不合。似可由主管機關飭其補辦並加輔導，以完成法定程序，納入民主軌道，斯爲上策。聞胡佛兄等曾擬居間溝通，不知有何腹案，可否探詢示知，以供參考？

七十三年十二月九日　史旦福

致友人書之二

××吾兄：

先後接奉惠示，憂國憂民，殊有同感，尤以政府宣佈黨外公共政策研究會爲非法組織，將予以取締云云爲最嚴重。曾即趕寫短文一篇表示關切，並馳函政府當局請弗出此下策。頃悉臺灣人權促進會幸獲成立，國際人權節紀念集會亦已順利舉行，可知公政會不致遭受取締，則拙文暫時不必發表矣。他日情況如果惡化，可請電告，容當寄上。

承詢歸期，尚未大定。因弟深感年老力衰，智竭才盡，復因政海險阻，愛國痛苦，已無言論報國之可能，故擬請辭國策顧問。但「天下興亡，匹夫有責」，今後有生之年，仍當常回臺灣，惟最近行期則可能將在明年秋季矣。

書不盡言，諸容後陳。順頌

籌祺

弟陶百川　敬啓

七十三年十二月十二日

開放黨禁勢所必至

據悉美國議員甘迺廸和索拉玆等分別向參衆兩院提案要求我政府開放黨禁並保障言論自由。該案遲早終將通過，而且氣勢將會較大，壓力自必較重。我政府將如之何？

我政府可能置之不理。然以菲律賓馬可仕的強硬，但仍得屈從美方要求，進行多項改革，並提前改選總統，以探求民意。我政府更須妥善應付，而反對組黨則足以挫折人心。

實則開放黨禁，乃是勢所必至，至多祇能稍拖時間。幾年前我曾主張因勢利導，建議制訂政黨法，預定以兩年時間完成政黨政治，並設計了一套趨利防弊的辦法。善謀國者，可仍以我言爲河漢麼！

七十五年三月十日

（附載一）蔣經國主席的溝通講話

三中全會以後，在一切工作上，我們要有新的作法，更要有新的精神，現在各方面都已在積極推動中。三中全會在本黨歷史上，是一個重要關鍵的會議，除了我們已經決定要做的事情以外，黨務發展的新方向，要以貫徹三中全會的精神和決議爲我們共同努力和奮鬥的目標。

當前國家的處境艱難，我們一定要強調內部的團結和安定；唯有安定與團結，才能克服困難，才有希望戰勝敵人。我們一定要以大公無私的精神去處理一切問題和貫徹我們黨的政策。趁此機會，我要講幾句話，來強調目前我們的處境與作法。現在由馬秘書長代爲宣讀講話的新聞發布稿：

「中國國民黨蔣主席經國先生今天提示中央政策委員會，應本着誠心誠意的態度，與社會各方面人士進行意見溝通，以促進政治和諧與民衆福祉。

蔣主席是今天在主持中國國民黨中央常會時，於聽取了本黨例行的年度中心任務報告之後，特對政策委員會負責同志，就當前社會發生的若干現象，作了檢討提示。蔣主席指出，促進政治和諧，維護社會安定，保障民衆福祉，增進人民生活，以鞏固國家長遠發展的基礎，是國家的基本政策，亦即我們多年來一直積極努力的目標。

蔣主席強調，我們勵行民主憲政的決心絕不改變，但任何足以破壞團結和諧，危害國家安全以及影響全民利益的行爲，不僅是法律之所不許，根本與全體民衆的願望相違背。

蔣主席表示，爲了民主憲政的貫徹，我們一定要不斷追求進步，所謂追求進步，不止是着眼於近程的利益，更要從大處看，從遠處看。

因此，蔣主席希望中央政策委員會，切實把握這一基本方向與原則，在尊重法治的基礎上，加強與各界人士的溝通，增進彼此的了解，共同爲啓導社會祥和，開拓國家光明前途而努力。」

（附載二）三邊會談

《時報新聞》週刊

對臺灣未來的民主政治發展，一九八六年五月十日可能將是一個歷史性的日期。

這一天下午，在臺北市來來飯店的一間內室裏，包括國民黨、黨外以及學者三方面共十多人，經過五個小時的會商，對他們彼此關切的臺灣政局，達成了三項結論。這是國民黨三十多年來，首次與國內的政治異議團體達成協議。

雖然，黨內外雙方對於現階段臺灣政局的看法，仍有甚多不同的意見，但這次「三邊會議」，顯然使得雙方緊張對峙的局面，有了峯迴路轉的變化。

五月七日，國民黨主席蔣經國，在例行的中央常會中，對於當前的政治局勢提出指示，蔣主席指出，國民黨中央政策會應本誠心誠意的態度，與社會各方面人士溝通意見，據了解在常會結束後，蔣主席召見了中央政策會秘書長趙自齊、副秘書長梁肅戎、蕭天讚、黃光平等四人，再次宣達了這次講話的苦心。

隨後，國民黨有關方面指派梁肅戎、蕭天讚、黃光平擔任和黨外溝通的工作。

陶百川促成此次溝通

據了解，在這之前，蔣經國總統曾召見了國策顧問陶百川，在長達一個多小時的交談中，陶百川曾就有關黨外公政會問題，向蔣總統提出他個人的看法。這次的交談，政治觀察家認爲，對於促成此次溝通具有決定性的影響。

而在面對原先國民黨強硬政策下的黨外政團，雖然內部意見紛紜，但是大部分的成員亦都認爲有必要與國民黨有關方面進行溝通。黨內外雙方的意願如此，於是在一向倍受社會敬重的陶百川與三位自由派學者的奔走邀約下，他們於焉成爲此次溝通餐會的魯仲連。

就在五月十日中午餐敍前，由陳水扁、謝長廷、顏錦福、黃天福等人籌組的公政會臺北市分會，卻在當天早上十點鐘在臺北市議會宣佈成立，這項「不友善」動作，使得這次溝通工作蒙上不利的陰影。事實上，表現在當天的餐敘前，與會的國民黨三位人士和陶百川等人在餐桌上的確是憂形於色。

據了解，在五月九日，國民黨溝通代表梁肅戎就獲悉江鵬堅、謝長廷等人準備於第二天早上宣佈成立分會，當天下午開始，梁肅戎急電康寧祥詢問此事表示嚴重關切，康寧祥答以此事他已有所悉知，不過解鈴還須繫鈴人，老康建議梁肅戎應設法找到江鵬堅等人，才能有效解決此事。

搶設分會平添溝通困擾

但是，由於黨外內部的種種複雜因素，江鵬堅等人以成立分會之事已無法變更，而且他們一再重申，臺北市分會成立絕對與溝通毫無關連，並非他們有意以此「杯葛」溝通餐敘。

政治觀察家認爲，雖然江鵬堅等人如此解釋他們成立分會之事。但是從這個分會的成立如此草率匆促，顯然是有意造成既成事實。同時也藉此避免黨外部分激進人士的批判，使他們蒙上妥協色彩。

另一方面，由於康寧祥提出申請公政會地方分會，造成此次事件的高潮，一時之間，康系聲勢大漲，對於同屬臺北市的江鵬堅等人，這股壓力頓然形成。因此，他們率先成立分會，另一個作用也在於不讓老康先拔頭籌。

從這個分會會址設於臺北市議會的周伯倫與藍美津共同使用的議員研究室，也顯示出，這個分會成員也擔心國民黨可能採取取締措施。

臺北市分會的「小動作」，使得五月十日中午的溝通餐敍，平添了幾許困擾。

當天的餐敍，在陶百川「希望大家把握這過去少有的機會」一席話中拉開序幕。隨後，與會的學者和國民黨代表會特別指出，臺北市分會此舉顯係「不友善」的動作。

是否善意成爲爭辯話題

不過，與會的黨外代表謝長廷在面對此種批評時重申，黨外並無刻意「違規」。他同時反擊，國民黨在今天餐敍前，將康寧祥發行的《八十年代》雜誌處以停刊一年處分，同時查扣另外兩本黨外雜誌，顯然也是「不懷善意」，針對謝長廷的說法，國民黨代表則認爲，停刊及查扣黨外雜誌是一次「無法預估控制的情勢使然」。雙方在餐敍之初的對話，對彼此溝通誠意的非難，至此算是扯平。而餐敍的氣氛始漸趨融洽。

當天的餐敍從中午十二點開始，直到當天下午五點方結束，打破了以前黨內外溝通的時間記錄。

餐敍開始前，黨外公政會理事長尤清首先聲明，此次溝通在於雙方就憲政問題彼此交換意見，同時對於黃天福未克前來參加，和臺北市分會成立之事略做說明，不過在陶百川舉杯向在座人士致意後，尤清的聲明和解釋也就在杯觥交錯中不了了之。

陶百川在舉杯後表示，他希望溝通人越多越好，對於黃天福未能前來，他說了一個小故事，他說，在民國六十七年，黨內外情勢緊張之際，謝前副總統透過吳三連先生和黨外人士溝通，結果第一批的邀約沒有邀請黃信介參加，結果有一次黃信介和他相敍時，黃信介十分不悅認爲不必和國民黨溝通，因爲國民黨看不起他云云，顯見溝通是一件十分不容易而且容易得罪人的事。

國民黨盼黨外依法登記

梁肅戎也表示，他以前奉令參與溝通工作，結果在立法院卻有人向層峯打報告，說他與齊世英、關中，「老中青」三代和黨外掛鈎，以致惹來許多不必要的誤會。

陶百川和梁肅戎的溝通外一章的談話，拉近了與會人士的距離，隨後大家進入溝通主題。

代表國民黨方面的梁肅戎等人認爲，非常時期和承平時期不同，而且不能夠將國外民主的標準和國內的民主制度相較，畢竟臺灣當前的政局，外有中共的威脅，黨外人士應能體諒政府的非常措施。

他們主張，對於公政會分會問題，黨外人士應依照法律規定，向政府提出登記。而出席的學者們也均支持此一看法，勸黨外應辦理登記。

而與會的黨外人士則提出以下要求，一、溝通必須在講理及誠意的基礎上進行交換意見，二、大家必須共同遵守憲法，誠意的實施憲法，三、國民黨在今年選舉提名前，應先提出健全政黨政治的方案。

黨外人士也認爲，憲法保障人民的集會、結社和言論自由，因此像公政會這種政治性社團，依民主國家的政治習慣不必登記，如果公政會要登記，那麼國民黨及民、青兩黨也要向政府登記。

黨外人士也建議，國民黨如果能夠做到：一、不要濫行查禁黨外雜誌。二、省政府組織在省縣自治通則制定前，應依省政府組織法規定不得超額。三、對於二二八事件，政府應對受難者家屬拿出誠意加以撫慰，同時公佈事實眞相。四、政府應准許陳文輝交保。將足以表現溝通的誠意。

胡佛强調政治須折衷互讓

對於黨外人士所提問題，國民黨方面認爲，黨外在溝通前，成立公政會臺北市分會顯然是「邊打邊談」，而且黨外雜誌在內容上，有許多造謠生事，破壞政府形象，甚至汚衊國家之元首，顯然已超出法律許可範疇。

雙方你來我往，彼此提出許多解釋，數度語氣高亢，隨後，胡佛教授則引述他在美國求學，了解美國制憲時期的過程故事，期望雙方能夠相互折衷。

胡佛表示，他在美國求學時，對於美國制憲會議的紀錄文件感到興趣，制憲會議中，大、小州代表經常激烈衝突，彼此毫不相讓，十三個州像是斷成十三截的蛇，首尾不能相顧，後來，富蘭克林在會中說，大家既然有共同建國理想，何以不能互相讓步，彼此交換意見，向歷史和上帝有所交代。各州代表對於富蘭克林這番話有所感動，終於折衷意見，制訂了一部「人類史上奇蹟」的美國憲法。

胡佛強調，這個故事可以顯示，政治必須重視意見折衷，以政治智慧誠心溝通，他同時指着房間牆上所掛一幅「荷花」的圖畫比喻說，今天的溝通，大家應以「和」爲貴。

經過雙方馬拉松式的溝通後，雙方最後達成三項結論：

三項結論同意設立分會

一、參加人士對中華民國憲法的實施都具有共識，至於如何積極推動民主憲政，仍有待繼續磋商。

二、參加人士對於公政會與分會的成立咸表同意，至於「登記」及「名稱」問題，仍有待進一步磋商。

三、參加人士一致同意，在磋商期間共同爲政治的和諧而努力。

同時，雙方也決定在兩星期內，對於上述問題繼續進行溝通。

在達成三項共同結論前，黨外代表江鵬堅及張俊雄分別因私人事務中途先行離席，而梁肅戎則二度步出房間，接聽來自國民黨決策方面的電話，一方面做溝通情勢報告，同時聽取指示，三項共同結論是在國民黨決策單位人士認可下，才獲致通過。

據了解，國民黨決策單位對於三項共同結論，早先已有腹案，就是分會可以成立，但必須依法登記同時將「黨外」字眼刪除，不過這兩個問題，黨外與會人士相當堅持，因此才有「繼續磋商」的結論，大致說來，三項共同結論與國民黨決策單位原先的腹案預估相去不遠。

近一個月來，黨內外緊張對峙，經過五個小時溝通後，獲得鬆弛，這次「意外」的發展，是國內政治發展史上一次重要的里程碑，可能對國內政黨政治寫下新的契機。

(附載二) 這是臺灣政治最大突破

康寧祥

問：此次黨內外就有關公政會成立分會問題達成若干結論，這種結果你個人看法如何？

答：坦白說，這次的溝通能夠達成三項結論，我個人認爲，這是臺灣政治發展近三十幾年來最大的突破，對於未來臺灣政治的發展影響深遠，我認爲這是一項極有意義的溝通。

問：所謂「影響深遠」的認知，你的觀點如何？

達成結論前所未有

答：這次溝通是在陶百川及三位學者主持下，黨內外以團體形式做第一次正式的對話，而且在對話中，雙方能夠達成三項共同認知結論，這是前所未有的事情，從這個事實顯示，我們可以認知國民黨在面對臺灣目前的政治現實發展，起碼有一定的認知，雖然國民黨內會有不少保守的人士對此表示不滿，但是能夠以公開結論方式表達認知，這是一種進步。

問：黨內外今後要如何面對這種情勢？

答：在溝通所達成的結論中，提到有關公政會地方分會問題，曾有繼續磋商的決定，這表示，有關現階段黨外從事的公政會地方分會設立的技術性問題，是雙方彼此內部要進一步磋商的重要事務，既然是雙方要在內部磋商溝通，那就表示，大家可以有一個轉圜的空間，好好的思考這項問題，這樣可以減緩一些可能產生的衝突。

問：你今後的做法如何？

答：我所屬的公政會地方分會將在五月十七日成立，當然我期望這個分會成立，能夠有效的結合黨外人士的智慧，對臺灣的民主政治做出更多的貢獻。

對當前情勢發表聲明

問：你所回答的相當抽象，具體的做法如何？

答：在我所屬的分會成立之後，我們會對當前國內外情勢，與國民黨關係，黨外民主運動和對海外臺灣人團體的對待關係，做出宣言式的聲明，以做爲我們今後從事民主運動的目標。

問：此次溝通，你認爲陶百川等人所扮演的角色如何？

答：陶百川先生和三位學者爲民主運動所花下的心血，我們當然可以理解，而且應該表達最大的敬意，坦白說，政治是大家的事，今天這些具有清望的人士出面，正表示我們的社會對於即將面臨的政治難局，有共同的認知，相信大家也清楚，陶百川先生等人曾受到許多保守團體的攻訐，但是他們仍然不畏壓迫的站出來，正顯示我們的社會仍然有正義存在，我個人對他們表示最崇高的敬意。

問：雖然達成初步的結論，黨外能夠全然接受嗎？

答：每個政治團體內部，不可能有絕對一致的意見，黨外政團內部也是一樣，但是這種內部矛盾是有待我們黨外自己來努力加以化解。

問：據了解國民黨有關方面對於公政會登記及須將「黨外」兩字刪除一事，態度仍然十分堅決，你的看法如何？

答：「非常時期人民團體組織法」的法律效力根本就値得懷疑，退一步來說，國民黨自己不遵守省政府組織法，超額設置省府委員，國民黨要黨外遵守「非常時期人民組織法」，自己卻可以不遵守「省政府組織法」，天下有這個道理嗎？

再說，四月十六日，蕭天讚在報上表示，黨外公政會分會若不成立，則政府將允許黨外聯合服務處成立，而且不會拆除招牌，爲甚麼在溝通後，卻要如此堅持這些呢？

記者 張叔明 林進坤

（附載四）為「五・十溝通醜劇」告全黨同志書

民國七十五年五月十日，有本黨黨員陶百川、胡佛夥同非黨員楊國樞、李鴻禧等，以「清望公正人士」自居，愚弄本黨，促成與「公政會」尤清等陰謀分子假臺北市來來大飯店舉行所謂促進和諧之「溝通」會談。會談結果，作一面倒的大幅度讓步，同意非法的「公政會」成立並設立分會。消息傳來，令全球忠貞愛國同胞大感驚訝與嚴重不滿。我等身爲忠貞黨員，何能緘默？謹以下列數點，就教於諸位先進：

一、請問陶、胡、楊、李等是什麼角色？他們憑什麼能愚弄本黨？事實上，這四人平日之言行，完全是民國三十六、三十七年間所謂「民主人士」如羅隆基、章乃器、沈鈞儒等人的翻版，侮蔑本黨、攻訐政府人所共知。如今，大陸淪亡的悲劇，莫非又要在臺灣重演？

二、「溝通」應站在相互尊重的立場，並以憲法及非常時期的共識爲基礎。但尤某等人實質上是「臺獨」叛亂分子，他們與海外「臺灣獨立聯盟」掛勾，根本不承認中華民國，不用國旗與國號，甚至掛出綠色的反動旗幟，像這樣不承認中華民國的「反對者」，就是與中共站在同一陣線上的叛亂者，本黨竟然要和他們溝通，豈非自毀長城?!

三、正因爲陶、胡、楊、李等是站在尤某一邊，因此，溝通變成了一面倒的局面，對方沒有任何讓步的承諾，反而漫天要價。而黨方不僅承諾「公政會」可以成立，而且還可在各地成立分會，這豈不是否定了內政部長吳伯雄在立法院宣布的：「公政會是非法組織應予取締」。堂堂政府官員的話就被陶某等幾個蛋頭學者否定了，政府還有什麼威信可言？且五月十日之「協議」之後，尤某等人更變本加厲得寸進尺，在五月十九日發動示威遊行，與治安單位對峙十二小時之久。如此溝通，豈不是鼓勵叛逆？完全是受了愚弄！

四、如此重大問題，本黨主事者爲何不向二百萬黨員徵詢意見？也可先透過小組會來加以討論。不知政策會諸位主事者的眼中還有沒有我們黨員大衆？本黨是「革命民主」的政黨，對敵人革命，黨內民主。你們等於背棄了本黨的黨章，試問怎樣使廣大黨員心服？

五、此次「溝通」醜劇，使人覺得本黨實質已向陰謀分子「投降」，而且是「無條件投降」。如此下去，革命大業如何完成？我們祈盼　總裁顯靈，賦予本黨主事者以智慧、勇氣、魄力與決心，今後不再對陰謀分子姑息，姑息足以養奸，要知「退此一步卽無死所」，養奸的結果，將使我們死無葬身之地了。

同志們！時間已很緊迫，救亡圖存就在今朝。祇要我們沉默的黨員大衆不再沉默，那些自居「民主」的僞君子與「臺獨」敗類就囂張不起來。讓我們抬頭挺胸的站起來，共同爲救黨救國奮戰到底吧！

中國國民黨忠貞愛國黨員自救行動促進會　啓

（附載五）國民黨高層會報的反應

《中時》週刊

經過五月十日黨內外的面對面溝通，長期以來黨內外緊張對立態勢，已稍趨緩和，然而，未來臺灣政局的發展是否卽能自此擺脫衝突對立的陰霾，而以和平穩定的步調向前推進？

變數仍多不宜樂觀

很顯然的，答案絕不那麼樂觀。未來發展的「變數」仍多，這不僅存在於國民黨內部，黨外內部亦復如此，而雙方的「互動關係」，更是關鍵所在。

目前，黨內外雙方爭執的焦點，在於是否登記及登記名稱問題，如果黨外堅持名稱不變，不辦登記，可以預見，溝通的破裂是必然的，屆時衝突的升高恐更非前一階段所比擬。

據了解，國民黨內部對於取締公政會問題的態度並不一致，在五月七日之前，很明顯的是以軍情系統佔上風，主張嚴行取締，其後，終因蔣總統明確表示意向，方使峯迴路轉，因而有了十日的餐敍。

孰料，就在十日上午溝通前，謝長廷、江鵬堅等人卻逕行宣布成立臺北市分會。

據悉，對此一「小動作」，國民黨方面相當不滿，就在當天餐敍溝通甫結束，執政黨及有關方面隨卽於下午六時召開一項高層會報，由中央黨部秘書長馬樹禮主持，出席人士包括國防部長、警備總司令、副總司令、安全局長、國民黨有關工作會主管、中央政策會秘書長及參與溝通的三位副秘書長。

國民黨召開高層會報

在這項高層會議中，軍情系統的代表以臺北市分會成立爲例，認爲，黨外不具溝通「誠意」，無視法令尊嚴，堅持政府必須立卽取締，否則無以維繫政府威信，一時之間，氣氛相當凝重，其後由於其他幾位出席人士主張，在溝通進行期間，仍以暫不採行嚴厲的取締行動較爲適宜，同時提出蔣總統「應誠心誠意進行意見溝通」的指示，如此，方使「立即取締」的聲浪趨於和緩而不了了之，最後結論是視近期內的情勢發展再作決定。

在十日餐敍後，國民黨所作的讓步已受到黨內保守力量的批判，而黨外方面，康寧祥已決定在十七日成立「首都公政會」，同時，對登記及名稱問題亦未有任何妥協的跡象，這樣的情況演變下去，是否會造成國民黨內部保守力量的抬頭，而使原已踏出的民主政治的一大步，反而後退了好幾步，甚或成爲衝突不幸的引發點，這仍然是一個未知數，黨內外應如何避免這種結果的發生，將是對雙方智慧的考驗。

（附載六）政府的看法

問：政府對於黨外公政會目前正積極籌設地方分會一事，所採取的態度如何？

答：政府的立場是，一切人民團體均應依法登記，不登記即非合法的組織。因此，希望所有人民團體都依法辦理登記。

問：有些人認爲，黨外公政會如提出申請，有關機關並不見得會准其登記，至於地方分會申請設立，當然亦是如此，對於這個疑問，你的看法如何？

答：我必須特別指出，如果黨外申請辦理公政會登記，政府主管機關將根據有關法令，審查其成立宗旨、組織章程等，祇要一切合法，自無不准之理，目前黨外根本未向政府申請登記，又那裏談得上准或不准的問題？至於分會的准設與否，現在公政會本身即非已依法辦妥登記的團體，自然更談不到這個問題了！

問：政府或執政黨有關方面是否曾就此事與黨外進行溝通？

答：根據我的了解，執政黨政策協調部門曾嘗試與黨外進行溝通，有幾位學者也曾爲此努力過。

問：黨外常抱怨執政黨推派與他們溝通的人士，層次不夠高，祇是意見的傳達者而完全沒有決策權，你對這個說詞的看法如何？

答：這個說法並不公允，目前執政黨負責溝通協調的人士，身分、層次都不低，而且，要身負溝通任務的協調者本身即具有完全或極大的決策權，這種說法是否正確亦有待商榷。換一個角度來說，如果說執政黨推派的溝通人士未擁有充分的決策權，那麼黨外又是否能推出眞正能完全做主的代表者呢？

問：如果黨外堅持繼續組織化的行動，並且在近期內在各地成立地方分會，政府可能採取如何的因應措施？是否會採行強制取締手段？

答：若是黨外公政會不向政府申請登記，同時仍執意組織化行動，並且正式在地方成立分會，由於黨外公政會及其分會均非合法之人民團體，依據戒嚴法及其他有關法令，政府得禁止其成立或勒令其解散，因此，自然不能排除政府採取強制取締、限期解散等措施的可能。

問：有人認爲政府、執政黨和黨外人士之間，對於黨禁問題乃至公政會設立分會一事，存有認知上的差距，你對此的看法如何？

答：政府對於非常時期不宜組黨的基本政策，是一貫不變的。關於人民團體的設立，其主要問題是在於組織的目標，如果人民團體的組織目標其意識型態是在基本上完全否定現行體制，依法自然不容許其成立或存在，這不論其是以政黨型態或民間團體型態出現均在禁止之列，因爲這不僅會造成我們內部的兩極化，使政局穩定受打擊，同時徒然給中共以口實。

問：政府對黨外組織化及公政會事件的基本態度如何？

答：蔣總統及政府決策當局的一貫態度是，希望以團結和諧爲重，不希望形成黨內外的尖銳對峙，也根據此項原則，政府對於黨外臨時性的組合或集會，如選舉的黨外後援會等，一向採取從寬處理的態度，希望黨外人士也能理性認知當前的國家處境，以和諧爲重。

（附載七）關於溝通中介

宋　益　清

國策顧問陶百川先生近發表的〈溝通中介感言〉，我們同許多讀者一樣，閱後亦不能無感。良以陶胡楊李四位擔任調停，歷時許久，結果是「忠而被誣，當然是不無怨言，但最傷心的，乃是盡心竭力而無補於事。」

四位的持續調停，固然是值得推許與同情，不過這裏涉及一般調停原則、方式，與技巧問題，應經預先考慮的，似乎未曾完全考慮。

調停是極麻煩的事，卻有長遠的歷史。如所周知，見於《孟子》的「宋牼將之禁」，「將見楚王，說而罷之」；「楚王不說」，「將見齊王，說而罷之。」看來宋牼全無調停之根據，祇是作機會的嘗試，而所談及的中心概念—「利」—又經孟子駁辯一番。事實上，宋牼一無所成。

素以調停著稱的是魯仲連，魯仲連無異爲調停之化身。不過事實上，魯仲連祇是運用遊說之術，說服了梁魏密使辛垣衍將軍；那番議論果然有效力，因爲他的目標概念很明白而具體——「帝秦」是絕對不可以的，魯仲連的解釋頗透闢。

陶胡楊李所從事調停的情況顯有不同。首先，「自由民主」、「憲政法治」，都是政治名詞，兩造彼此就有不同的概念，而兩造與調停人的概念亦不相同。要達成實質上的一致，自是無法辦到的。再說，「黨外」一方面乃是走馬燈式的，並非始終一致的並無內在矛盾或爭執的團體，兼之偶有國際人士的評估之影響，使調停人難以着手。至於執政黨方面本身似未有主動的改變原則，仍偏向於應付拖延，調停人更難施力了。

站在輿論界的立場，我們關切而重視此項調停工作，但亦慮及各種可能的及實際的阻礙。我們認爲民主政治的趨勢是沒有問題的，有形的或無形的調停妥協是必要的。但此時大家先需共認：一千九百八十幾年的世界，已非一千九百五十或六十幾年的世界，在臺灣的中華民國亦不是五十或六十幾年完全閉關的中華民國。大家需找出民主政治的公分母，民主共識之具體的起碼條件，不要像在舊式市場裏，講價還價，論斤計兩，交易而退，出門不認的。

我們對中華民國的前途，始終樂觀，但在科技進展迅速的今日，我們的政治進展步調亦不宜太慢。

（附載八）魯仲連排難解紛

《戰國策》（語譯）

秦國包圍了趙國的京城邯鄲，魏安釐王派將軍晉鄙去救趙，因爲害怕秦軍，把軍隊停留在蕩陰，不敢前進。魏王又派了客將軍辛垣衍，從小路秘密入邯鄲，託平原君向趙王說：「秦國所以要急急圍困趙國的原因，是爲了從前曾同齊湣王爭僭皇帝的稱號，後來因爲齊王取消了帝號，秦王也祇好跟着取消。現在齊國更加衰弱，祇有秦國稱雄天下，秦國這一次來並不一定要貪取邯鄲，他的意思是想做皇帝啊！趙國假若眞能派遣使者，尊奉秦昭王做皇帝，秦王必定歡喜而撤退軍隊的。」平原君遲疑着，不能決定。

這時魯仲連恰好到趙國遊歷，正遇到秦兵圍困趙國。聽說魏國將要使趙王尊奉秦王做皇帝，就去見平原君，說：「這件事情打算怎麼辦呢？」平原君說：「我哪裏敢決定什麼事？百萬的兵在國外損失了，現在邯鄲被圍，又不能退敵。魏王派客將軍辛垣衍叫趙國尊奉秦王做皇帝，此人現在還在這裏。我哪裏敢決定甚麼事？」魯仲連說：「起初我以爲你是天下的賢公子呢，到現在我才知道你並不是天下的賢公子了。魏客辛垣衍現在哪裏？我替你責備他一頓，叫他回去。」平原君說：「讓我叫他來見先生。」平原君就去見辛垣衍說：「齊國有一位魯仲連先生，人現在這裏，讓我介紹他來和將軍一見。」辛垣衍說：「我聽說魯仲連先生，是齊國的高尚之士。衍是人主的臣子，奉了君主的差使，有職務在身，我不願去見魯仲連先生的。」平原君說：「我已經跟他說了。」辛垣衍祇得答應。

魯仲連見了辛垣衍，沒有說話。辛垣衍說：「我看住在這圍城中的人，都是有求於平原君的。現在我看先生的樣子，並不是有求於平原君的人，爲甚麼長久居住在圍城當中而不離去呢？」魯仲連說：「世人以爲鮑焦不能從容保愛自己的生命而隨便自殺，都是錯誤的。現在一般人不明白死生有一定的道理，所以祇爲個人利害打算。那個秦國，是一個拋棄禮義，崇尚殺敵計功的國家。用權詐的手段差使將士，像奴隸一樣的奴役百姓。他若公然地竟做了皇帝，甚而統治天下，那麼我魯仲連祇有跳到東海裏自盡了。我不願做他的百姓啊！我所以來見將軍的緣故，是想幫助趙國啊！」辛垣衍說：「先生如何幫助趙國呢？」魯仲連說：「我將使魏國和燕國幫助他，齊楚二國早已幫助他了。」辛垣衍說：「燕國，我就算他順從你。至於魏國，那麼我是魏國人，先生怎能使魏國來幫助趙國呢？」魯仲連說：「這是魏國沒有看到秦國稱帝的害處的緣故啊。假使魏國看到了秦國稱帝的害處，那麼他一定會幫助趙國了。」

辛垣衍說：「秦國稱帝的害處是怎樣呢？」魯仲連說：「從前齊威王曾經推行仁義，率領了天下諸侯去朝見周王。那時周又貧窮又衰弱，諸侯都不來朝，齊國卻單獨朝見。過了一年多，周烈王死了。諸侯都去弔喪，齊國最後到。周朝發怒，訃告齊國說：『天子死了，猶如天崩地裂，所以接位的皇帝也寢苫居廬的守喪，不能安居帝位。東藩的臣子田嬰齊到得最後，應得死罪。』威王怒不可遏地罵道：『呸！呸！你媽是賤婢！』這樣一來，齊威王終於爲天下人譏笑。所以，周王活着的時候去朝見他，死了卻去罵他，實在因爲不能忍受他過分的要求啊。其實那天子本來就是這個樣子，是不值得奇怪的。」辛垣衍說：「先生難道不見那僕役麼？十個人隨從一個人，難道力量不敵，智識不及麼？原是怕他的威力啊。」魯仲連說：「可是魏國和秦國相比，像僕役對待主人一樣麼？」辛垣衍說：「是的。」魯仲連說：「那麼我將使秦王把魏王煮成肉醬。」辛垣衍不高興地說：「唉！先生的話也太過分了！先生又怎能使秦王把魏王煮成肉醬呢？」

魯仲連說：「原是可以的啊！待我告訴你。從前鬼侯、鄂侯、文王是商紂的三公。鬼侯有一個女兒生得很美麗，所以獻給紂王。但是紂王以爲她不好，就把鬼侯剁成肉醬。鄂侯爲了這件事，極力諫爭，極力辯護，所以又把鄂侯殺死，做成肉乾。文王聽見了，忍不住歎息，所以被拘禁在牖里的庫裏一百天，還想把他置之死地。爲甚麼同人一道稱帝王，結果被剁爲肉醬做成肉乾呢？齊湣王將要到魯國去，夷維子拿着馬鞭子隨行，對魯國人說：『你們預備怎樣接待我國國君？』魯國人說：『我們準備用牛羊豕各十隻款待你們的國君。』夷維子說：『你們從那裏學來這樣的禮節來接待我們的國君？我國的國君，是天子啊。天子巡行到諸侯地方，諸侯要避開正朝，住在外面，繳納國庫鎖鑰，提起衣襟，搬動几案，在堂下侍候天子進食。天子吃完了，方才退下去聽朝。』魯國人聽了，下鎖閉門，不肯接納，齊湣王因此就不能到魯國去。將往薛國，向鄒國借路。那時鄒國的君主剛死，湣王想去弔喪。夷維子對鄒國的嗣君說：『天子以坐北朝南爲正位，所以天子來弔諸侯的喪，主人必須把諸侯的棺柩，從坐北向南的方位，移到坐南向北的方位去，好讓天子面向南方而弔。』鄒國的羣臣說：『一定要像這個樣子，我們情願用劍自殺。』所以又不敢到鄒國去。那鄒魯兩國的臣子們，當他們國君活着的時候，不能夠侍奉供養，死了又不能行飯含的禮節，然而當齊湣王要對鄒魯的臣子行天子的禮節時，竟然不被接納。現在秦國是有一萬輛兵車的國家，魏國也是有一萬輛兵車的國家，都是據有萬乘兵車的國家，都有稱王的名義，看見秦國打了一次勝仗，就想趁此尊他做皇帝，這是使三晉的大臣，還不如鄒魯的奴僕婢妾了。況且秦王的野心無盡，若一旦果眞做了皇帝，那麼就要變動諸侯的大臣，他將要撤換他所謂的壞人，任命他所謂的好人。撤換他所不喜歡的人，任命他所喜歡的人。他還會差他的女兒和欺詐害人的女子，做諸侯的嬪妃姬妾，住在魏王的宮殿裏。魏王還能安適無慮嗎？而將軍你還能得到舊時的恩寵和信任嗎？」

辛垣衍聽了，起來拜了兩拜，謝罪說：「起初以爲先生是個平常人，到現在我才知道先生是天下的賢士。我就此回去了，不敢再講尊秦爲帝的話了。」秦國的將官聽見了，因此退兵五十里。恰巧魏公子無忌奪得了晉鄙的軍隊，來救趙國，攻擊秦兵，秦兵就退走了。

後來，平原君想分封土地給魯仲連。魯仲連推讓了三次，到底不肯接受。平原君就設酒筵款待他，飲得快樂時，平原君起身，向前，以千金贈給魯仲連。魯仲連笑着說：「一般人尊敬天下賢士的緣故，爲的是他能夠替人家排除憂患、解決困難、調解糾紛，並且不受任何報酬。如果受了報酬，那就變成商人了，我仲連是不能這樣做的。」就辭別平原君而去，終生不再見面。

（附載九）謀國以忠成事以明

——國事溝通感言

荆知仁

一

榛莽崎嶇似無路，正賴智者闢康莊。

二

近月以來，國內政治上最令人矚目，最讓人憂慮，最使人企盼善果的，厥爲執政黨代表與公政會核心人士間，預定的三次溝通。因爲此時、此地及現況下的此項溝通，歷史將證明其關係着我國憲政前途的發展。溝通之議，初倡於陶、胡、楊、李等社會四賢。其能付之於行，則端賴執政黨蔣主席睿智的肯定提示，與乎公政會明達之士的正面回應。溝通之背景與動機：社會四賢是爲了消弭因公政會問題的矛盾，所可能引起的惡性衝突；執政黨是爲了促進並貫徹其藉和諧而謀安定，由安定而求進步的一貫政策；公政會人士，則應該是爲了求得地位的合法化，更寬廣的活動空間，以及更公平的參與機會。

第一次溝通，由社會四賢邀約，於五月十日舉行，並獲得三項共同協議，這三項協議於次日刊諸報端之後，或以鴻鵠將至，或以礙難尙多。究竟在榛莽崎嶇之中，能否闢建康莊，即使在以忠謀國的共識基礎上，仍然需要高度的智慧，無盡的忍耐，以及成事的技巧。因爲三項協議中，第一項是極具彈性的抽象原則；第二項是歧見爭執的焦點；第三項也是可以有不同解釋的原則。其中後兩項，特別是第二項，比較最爲具體而迫切，較少閃躱餘地。

關於公政會及其分會的成立問題，執政黨強調須以刪除「黨外」字眼，以及向主管機關「登記」爲先決條件，而無黨籍人士，則自初次溝通之日起，即先後以設立臺北、高雄等地分會的具體行動，與表示其不同意的態度。不寧惟是，無黨籍人士更發動旨在期求解除戒嚴令的「五一九綠色行動」，來向第三項協議挑戰。這兩項事件，無異顯示着無黨籍人士內部整合過於虛弱，根本無法有效統合其成員，遵行第一次溝通所獲致的協議。所幸這兩種事件，並未影響第二次溝通之於五月二十四日如期舉行。雖然第二次溝通，並未能就公政會的刪除「黨外」字眼及「登記」問題，獲致任何進一步的協議。但公政會的與會人士，即席發出六月七日，第三次溝通聚會的請柬，亦使人覺得事有可爲，仍然寄以厚望。迨五月三十日《蓬萊島》雜誌誹謗案定讞，被告陳水扁、黃天福及李逸洋三人，分別被判刑八個月確定之後，無黨籍人士咸以此係政治判決。除了各被告當事人，在各地舉行所謂「坐監惜別會」之外，公政會且於六月三日，以該案各被告入監爲主要理由，決定第三次溝通延期舉行，於是溝通的樂章，至此被譜上了一個令人無奈的休止符。而旬日以來，各主要報刊，皆先後以此爲題，或辦座談，或刊評論，無非爲重開溝通之門而催生、而獻言。蓋以言民主，實無人能夠否認中國的前途在臺灣，臺灣的和諧、安定與進步，則有賴內部的溝通與團結。但是，從政治學的觀點來分析，多年來政治民主化之所以績效不彰，溝通之所以枝節橫生，除了戡亂的非常環境外，在共信上，普遍缺乏支配行爲的民主基本觀念，應屬最主要的原因。

民主憲政，業經歷史證明爲最人道、最可取的一種政體。歷史也證明，民主憲政是一種政治文化昇華後的結果。歐美一些國家民主憲政之所以比較成功，學者們曾根據事實經驗，歸納出民主政治文化中，若干支配行爲的基本信念。諸如重視理性經驗，尊重個體，人人平等，以討論與同意處理人羣關係，強調手段之正當性等等。其中最具關鍵性的，要算理性經驗與強調手段正當兩項信念。

三

理性經驗的核心意義，是說明人類的行爲規範，係隨經驗之變遷而調適，並無不可變或不能變的特性。由此一經驗信念，衍生出排斥絕對觀念的生活態度。進而在現實的政治上，又產生了排斥絕對眞理與絕對權威的認知與共識。民主生活中的容忍歧見與批評，接納異議與妥協；人們之能夠不以個人意見爲絕對眞理或權威，從而肯對他人讓步或妥協，可以說都是由於此一信念所產生出道德上的自律作用所使然。生活中如果少了這一項律己的基本信念，來有效地規範個人的處人與治事行爲，則民主便不可能成爲成功的政體。我們追求民主，照　國父的說法，至今已經一個多世紀了，可是民主的文化，在我們的社會，仍然沒有紮根。我們如果細加審察，往者已矣，就在當前，我們的社會，似乎仍有太多的人，在處人治事方面，表現着自己掌握了絕對眞理，自己就是無上權威，從而不容許別人批評，不肯接受不同的意見，拒絕對他人讓步，不願與別人妥協。如果瞭解了這種文化的根源，便不難知道我們現在的政治溝通，爲甚麼會隨時橫生枝節，爲甚麼執政黨和公政會內部，都有不少的人，反對甚至抨擊溝通。所以我們殷切企盼雙方具有決定作用的領袖們，都能深自審察，重視並掌握理性經驗的信念和原則，來表現和發揮其成事之明。

其次，強調手段正當，是民主政治文化中的又一項基本信念。此一信念主要是要求手段與目的，應保持合理的平衡。在優先的序列上，應強調手段重於目的，也就是「重方法而不計結果」(the means justifies the ends)。這和專制極權意識形態下的「爲目的而不擇手段」(the end justifies the means)，剛好成爲極端的對比。此項強調手段正當的信念，乃係來自於經驗的理性判斷。因爲經驗證明，人之治本，不但應有正當的目的，同時更重要的，是還要用正當的方法或手段，去追求目的之實現。因爲不正當的手段，對正當的目的，具有毀滅性的破壞作用。民主政治本身，及其所有的一切典章制度，都是爲了有效貫徹「民享」此項目的之手段。所以追求民主，應用民主的手段。民主手段的特徵爲理性與和平。民主手段的內容，除了法制上的選舉、分權、制衡等不可盡舉者外，運用上的溝通、容忍、讓步、妥協，乃是成事所必需的認知與條件。

追求民主憲政品質的提升，乃當今朝野的共識與追求目標，但是在手段和方法上的共識，卻仍有某些距離。溝通與妥協，不惟是表現理性，與保持和諧（和平）的手段，更且是民主成敗的主要關鍵。而由於目前結構內或制度上的溝通管道，尚不夠健全，所以才會有「社會四賢」所促成的結構外的溝通。而此一溝通，卻不幸又以「蓬萊島案」有關負責人之獲罪入獄而告中斷。我們政治上有不少問題，有待妥爲解決，而兩次溝通，竟然連一個極單純的公政會問題，也未解決就被黨外人士宣告延期。我們希望這祇是短暫的延期，而非永久的終止。否則，我們追求民主憲政的漫漫長路，究竟要如何往下走呢？這實在是一個令人隱憂在心的問題。萬般無奈，也祇有訴諸政治人物的良知了。

四

報載，執政黨之明確決定，與無黨籍人士誠心溝通的政策不變，已延期的第三次溝通餐會，將於適當時期設法恢復，不受「五一九綠色行動」，及「坐監惜別」羣衆運動的影響。執政黨此種坦蕩、「容接」的氣度與胸懷，表示溝通的大門永遠爲不同的社會人士或政治勢力敞開着。溝通，祇是提供成事的一種機會，究竟能否成事，還要看溝通各方的誠意、器識、智慧和手腕。執政黨篳路藍縷，建黨建國，制憲行憲，並力圖光復，眞可說是飽經憂患，歷盡滄桑。其豐富的政治經驗與閱歷，深沉的治事城府與智慧，應該能夠適時發揮三十五年協商制憲時的有容與妥協精神，來發揮其政治上的成事之明。

無黨籍人士，皆屬我們社會的菁英。以心存邦國，志切直接參與，而獻身政治，追求經國濟世之事業。但是在我國從事政治生涯的人，不但應該了解我們的政治，是正處在從專制過渡到民主的初階，而且更應該承認，我們正面臨着戡亂與光復的非常時期。這二種認識之外，還應該進一步體認，高度的民主，係達之於逐漸的成長，決不是一蹴可幾的速成目標，所以各位現在的一切努力，其本質乃是前人種樹，後人乘涼的工作，其作用要在爲後世子孫，謀長治久安的福祉。因此所追求的目標，應分其大小難易，不能事事求其成功必須在我。有此認知，則不但行爲不致因苟求而流於激越，溝通亦會較有彈性，可以避免全得全失的極端，自然也就易於成事。目前第三次溝通因「蓬萊島」事而延期，我們深切希望一時情緒性的反應，能很快過去，並欣然地再度踏入溝通之門，爲我們的和諧、民主與進步，續譜傳世之樂章。

我們也深深地希望，在進一步的溝通中，大家在謀國之忠以外，更要具有成事之明。我們政治上有待溝通解決，而且更爲重大的難題，何止一端。豈能爲「黨外」、「登記」，這種形式性且微不足道的細事，相持不下，以致壞了大事。捨本逐末，此豈智者所宜爲。

本文之目的，在於說明民主政治中「理性經驗」與「重視手段正當」兩項基本信念，來提供參與溝通人士參考。希望雙方都能運用這兩個信念，知道誰也沒有掌握絕對眞理，從而能夠相互讓步妥協，使我們的民主，從此眞正因而開花結果，給後代留下永恆的太平基業。

溝通中介的重挫

互讓互重建立共識共信

國策顧問陶百川在五月國民黨與黨外的會談中，扮演了一個關鍵性的角色；如果沒有他的出面，黨內外可能各行其是，面對面的聚會，將很難以促成，如果沒有他在會談間的協調，首次會談也將難以具體的三項結論終局，而第二度的會談，更可能因而中斷或破裂。

本刊特別訪問了這位政壇耆宿，請他談談出面主持黨內外溝通的經緯、感想，以及對雙方未來互動關係的期望。

問：您在何種情況下，接受執政黨的邀請，同時基於何種考慮，同意出面邀約黨內外人士及學者，就公政會設立地方分會問題進行溝通？

答：我參加這次溝通工作，不是出於執政黨的邀請，最大的動機是爲胡佛、楊國樞、李鴻禧三位臺大教授熱心國事所感動。

基於學者熱誠民主和諧而出面

他們三位教授連同吳豐山和張忠棟二位先生，早在民國七十三年底，即曾對朝野雙方就公政會問題從事協調溝通，但無所成。這次，他們三位在四月二十五日聽說黨外公政會要在次日開會員大會，討論前幾天報載如果黨外公政會要成立分會，政府就要連公政會總會在內，以其未經登記非法活動爲由，加以取締，並引用刑法第一五三條對違抗政府命令的人加以控訴，並聞該會因而將發表一個強硬聲明；面對這種雙方衝突極可能升高的情勢，他們深感憂慮，於是想請執政黨和公政會各派代表，面談解決辦法，以期緩和情勢，但恐雙方不能接受他們的邀請，尤其因爲七十三年十二月他們曾經有過這種安排，唯爲執政黨所拒絕；因而和我商量，要我共同出面邀請雙方餐敍面談。

他們知道我曾在七十三年底內政部長說要取締公政會的時候，由美國致函勸告政府當局不要輕率處理，並請吳豐山、顏文閂兩先生轉告三位教授，努力溝通。

因有這段背景，他們三位才來邀我參加，我也勉強允諾。他們三人連夜向雙方奔走，直到第二天凌晨一點多鐘方各自回家。最後雙方也同意餐敍，當面商談，並訂於五月十日中午由我們四人共同請客。

至於你問基於何種考慮，我同意參加溝通，那是鑑於一年多來國內迭出差錯，危機潛伏，黃臺之瓜不堪再摘，明知此事吃力不討好，而我又是年老力衰，但我仍希望能助他們一臂之力，使進行比較順利。

另一方面，執政黨中央黨部對我的參加溝通迅卽表示歡迎，同時我也獲得黨外一部分領導人士的接受。於是我覺得我的參加固然是基於三位教授的熱心和盛情，但也應該對執政黨和對黨外以及對民主和諧有所效勞。

無黨籍人士迄今意見不很一致

問：據我們了解，在黨內外進行第二次溝通之前，蔣總統曾約見您，晤談很久，就您的了解，最高當局對處理公政會問題的意向及基本態度究竟如何？

答：我曾在四月二十九日晉見蔣總統，談得很多，也談起公政會問題，但它不是我們談話的重點。總統對公政會和當前政治和諧問題的基本態度，你已知道他在五月七日中常會指示中央政策委員會要誠心誠意，進行意見溝通，以促進政治和諧。而且報載執政黨中央已召開高層會議，討論當前四項敏感的政治問題，包括：一、中央民意機構調整問題；二、戒嚴問題；三、組黨問題；四、地方自治法制化問題。我想這也是受了蔣總統的精神感召而來，我很欽佩他的遠見和務實。

問：您同意出面協調溝通後，曾與若干黨外主要人士會晤，您的接觸了解，黨外人士對執政黨進行這項層次較高、規模也較大的面對面溝通的看法如何。

答：我在三月上旬回國，曾與我所認識的黨外主要人士見面，對於溝通商談，他們的態度不一。迄今，黨外意見也不很一致。這也在意料之中，因為他們有一部分人，對執政黨既無互信，而且也缺乏共識、共信，甚至在他們同道之中也有差距和摩擦。希望經過溝通和時間，情形會較好。

問：您也曾與執政黨高層人士接觸，執政黨內部對於處理公政會分會事件的態度是否一致？

答：執政黨是一個很嚴密而有紀律的大黨，對於重大問題，在蔣總統領導下，態度當然一致。至於公政會分會問題，政府方面在我們溝通過程中態度也逐漸一致了。但是因爲黨外堅持不登記並將用「黨外」爲名稱，外加龍山寺集會事件的紛擾，和幾個分會的急着成立，黨內反對溝通的聲浪正在擴大。

問：執政黨內部也有人認爲溝通的結果是對黨外作了太多的讓步，而黨外毫無回應的表示，這種意見，對於負責溝通的執政黨三位政策會副秘書長，顯然也構成相當大的心理壓力。您對這種意見的看法如何？

答：你所說「對黨外作了太多的讓步」，大約是指執政黨同意公政會成立分會這一點而言，也就是有人所謂「他要五角，你給一塊」。其實執政黨不獨沒有給一塊之多，就連給他五角這一點也是有條件的。因爲執政黨三位副秘書長早就聲明成立分會與公政會依法登記和名稱不用「黨外」二字，三者具有連帶關係，互爲條件，如果公政會拒絕登記和一定要用「黨外」二字，他們三位對於同意成立分會的協議，自難保證。政府人士也已表明，如果溝通中斷或名稱和登記兩項不能取得協議，政府當然不受五月十日同意成立分會協議的拘束。

盼公政會問題下次餐敘獲協議

問：在十日的溝通餐會中，與會者達成三點結論，使得黨內外緊張對立的態勢趨於緩和，海內外均認爲這是臺灣三十餘年來政治上最大的突破，但二十四日的餐會中，黨內外卻明顯的是在各說各話，您認爲執政黨和黨外應如何在五月十日結論的基礎上，尋求打開政局僵局的途徑？同時，您認爲未來如何發展，方符合國人、社會及推動民主的最大利益？

答：我在十日餐敘時曾經有過這樣的樂觀表示：「我希望今天如果談得融洽，將來尚能進一步研討更高層次的政治問題，以求得共識，供政府採擇。但當然不是再由我們來邀請。這些問題，例如言論自由的發揚以及書刊的編輯方針和查禁處分，中央民意機關的充實和選舉罷免法的改進，黨禁可否開放，戒嚴可否解除。」

可是，我現在已不抱樂觀了。因爲黨外和執政黨缺乏互信，甚至對共識和共信，也有一段差距。就以公政會這個敏感但是很簡單的問題而論，雙方尚且這樣堅持和僵硬，將來對戒嚴和黨禁等更複雜而艱鉅的大問題，怎樣能夠談得下去呢！

因此，我希望六月七日的第三次餐敘，能夠就公政會問題獲得協議，以增強共信和互信。

問：經過二次溝通，您對黨內外的互動關係有何期望？雙方可否有更積極的作爲以促進政局和諧？

答：你說「互動關係」，這點非常重要，這包括互相接觸、互相磋商、互相忍讓、互相修正、互相尊重、互相照顧，這樣才可望有更積極的作爲，以促進政治和諧，發展民主憲政。

於是大家必須秉持「公道」的精神。在這一點上，我很欣賞老子一段名言：「天之道，其猶張弓乎？高者抑之，下者舉之，有餘者損之，不足者補之。天之道，損有餘而補不足。人之道則不然，損不足而奉有餘。孰能以有餘奉天下？惟有道者。」以公政會問題而論，如果政府堅持黨外公政會是一個非法組織而要加以解散，自更不會讓它成立分會，那是「損不足而奉有餘」，就是不夠公道，違反天道。反之，黨外如果堅持要用「黨外」二字作名稱，而且不肯依法登記，則祇取不與，高而不抑，那也違反公道和天道了。

若不能善加把握機會恐將不再

問：您對這二次溝通進行整個過程的感想如何？

答：所謂溝通進行「整個過程」，要從民國七十三年十一月算起。時間不可謂不長，步履不可謂不艱，到十日餐敍，還需談了五個多鐘點，方能達成三個結論，當然相當艱苦，但已經可說是差強人意了。

我在一開始就指出：「希望我們大家要把握今天這個機會，這個機會過去少有，如果失去，最近將來恐難再有。這個機會的難能可貴，特別是因爲有了蔣總統五月七日中常會關於誠心誠意，進行意見溝通，以促進政治和諧的提示。我想人同此心，希望能藉今天的溝通，彼此都能增進相互了解，共同來啓導社會祥和，開拓國家光明前途。」但就最近十幾天的演變來看，頗懷疑我們能有那樣的好運。

問：二十四日餐會中，黨內外對登記和名稱問題未能達成一致結論，雙方意見分歧，且都相當堅持，有人認爲這是未來發展的暗礁。您認爲這個問題性質是否嚴重？黨外的堅持有無實質與積極的意義？您對雙方如何解決這個問題有何建議？

答：依法登記和「黨外」字樣，不是暗礁而是明礁，相當棘手和嚴重，能否化解，我頗不樂觀，如果竟因而使溝通中斷，衝突升高，那就太可惜了。胡、楊、李三位教授和我都在大費腦筋，希望貢獻一個兩全其美的構想，有所協調，但尚不知計將安出。

張叔明整理

七十五年六月一日《時報新聞》周刊創刊號

談判世界和為上策

——試為溝通協調解惑和導向

想到兩事心安理得

近來我為協助胡楊李三位教授和朝野人士從事溝通協調，在遭受挫折和攻擊時，我常會想起美國舒茲國務卿宣示外交政策時所說的「談判世界是前途樂觀的徵候」，從而感覺心安理得。

但有些反對溝通協調的同志卻認為從前黨和政府抗戰勝利而和平所以失敗，應該歸責於政府與各黨各派舉行政治協商會議並與中共打打談談。懲前毖後，他們從而反對中央黨部現與黨外的溝通並在公政會問題上採取妥協方針。我適與李幼老（璜）應「蔣中正先生與現代中國學術研討會」的邀請，合寫〈國民參政會與中國現代化〉，因而重溫當年朝野溝通協調的往事，而深感「形勢比人強」，政府那時不能不對中共忍讓周旋，且打且談，而大陸之失，原因很多，政協並未有負於政府。於是我對現在參加溝通協調，認為有益於國，無愧於心。

現實、力量、談判、信心

舒玆在對美國國際研究南部中心演講時指出：

「雷根總統從兩年前就任那一天開始，一直在設法重振美國的外交政策。他決定要『減少（一般人）十年來累積下來對美國承諾和持久力的懷疑』。我們的口號是引導我們行動的四種方針：

「——我們要重視現實（要從這一點開始）

「——我們要建立力量

「——我們強調談判和達成協議的迫切需要

「——我們相信進展是可能的，雖然各種使命都很困難和複雜」。

關於重視現實，舒玆說：

「重視現實是第一項必要因素。如果我們要改善這個世界，我們首先必須了解它——對好對壞都要了解。目前的現實大部分並不可喜，但是，依照我們所看到的狀態加以描述（雷根總統就任以來一直在這樣做），不是要尋求衝突，而是要指出改變的途徑和發起改變前應有的相互了解。」

關於談判，舒玆說：

「談判是我們的第三個口號。我早期的專業經驗是在勞工方面。從這些過去時期到我最近在北京的會談，我一直深信談判的效力。今天我們正在中東和軍備削減會談中熱心地徹底地談判。這兩方面的進展都很緩慢，但是卻有獲得極大收益的希望。

「在此以外，我們還在談判全球各地的幾十種其他問題。我們還沒有獲得世界和平，但是我們在許多方面是在一個談判世界裏，這是一種引人鼓舞的環境。」

至於國民政府與各黨各派所開的政治協商會議，召開於民國三十五年一月十日，會期僅十天。但在它以前五個月，中共在日本宣佈投降的同一天，通知日本派遣軍總司令須向中共投降。同年八月二十八日，毛澤東經蔣主席（中正）三次電促，由美國大使赫爾利陪同，飛抵重慶，向國民政府要求：一、重選國民大會代表，修改憲法草案，組織聯合政府；二、共軍改編爲二十四師，民兵一律編爲自衞隊；三、熱河等五省由中共統治，廣東等六省雙方共治；四、重劃受降地區，中共參加受降工作。

政治協商無可奈何

在那種情勢下，國民政府祇有兩途可循：一是對中共聲罪致討，不怕觸發大規模內戰，二是借助第三者的溝通，與中共和談妥協。

但在八年抗戰之後，民窮財盡，人心望治，內戰不容再起，政府也沒有勝算。而且那時美國亟欲拉攏國際的和中國的共產黨共同對付日本，不願我國陷入內戰，所以對政府施加壓力，促成和談。

政府明知中共並無誠意，政治協商會議也不可能產生奇蹟，但是權衡利弊，仍認爲非談不可。

參加協商會議的五方面代表共計三十八人，站在政府方面者是二十一人，中共顯佔劣勢，所以會議結論對政府也較有利。

現在情形變遷，政府較前強勁，社會較前安定，反對勢力於是相形見絀，不足爲害，政府因此覺得沒有與他們溝通協調的必要。他們如有違法行動，政府認爲自可依法取締。

同時，秉持反對立場的黨外，一向重視羣衆運動和街頭路線，其中一部分人並不因有蔣總統「誠心誠意」的溝通號召而接受溝通，如非我們四人苦口相勸，兩次溝通餐敍未必能夠舉行，但公政會各地分會則還是會照過去一樣地紛紛成立。因爲他們認爲政府如果武力取締，自必鬧得鷄飛狗跳，中外騷然，甚或重演捉放李亞頻案的鬧劇，對政府自必不利，因而不敢出手，所以他們「有恃無恐」。

知己知彼知民知時

但是雙方如果那樣相激相盪，互鬥互砍，則到頭來獲利者祇有中共，政府和黨外自必兩敗俱傷，而人民且須陪葬。所以那種戾氣和衝突必須設法化解。於是蔣總統乃有五月七日誠心誠意溝通的號召，而爲中外各方所讚揚和肯定。

但據一位自稱三十年來沒有料錯國家大事的朋友遠從美國西部以越洋電話提醒我說：「臺灣黨內外對峙的情勢已到高雄事件的邊緣，而那時從事協調的人如能負起阻止的責任，衝突可能不致發生。」他因而希望我要實話實說，警告雙方不可亂來，以期挽回頹勢。我對他表示願意盡我棉力，但我們四人無拳無勢，那有改變形勢的力量呢！

雖然如此，高雄事件的確留下一些敎訓，懲前毖後，我希望雙方都要知己知彼知民知時，不可再高估自己，低估對方，低估人民，錯估時勢；和爲上策，鬥必兩敗，而「黃臺之瓜不堪再摘」了。

七十五年八月二日

論柔性政黨致黨外友人書

本月七日惠函敬悉。承示退出溝通行列，以吾兄在公政會地位之高及在黨外影響力之大，此一突如其來之聲明，在報端披露後立卽引起社會之重視及弟之震驚，難免將妨礙溝通之持續及黨內外之協調，曷勝悵惘。然觀惠函情辭之悲憤及對溝通之悲觀，弟對吾兄之處境及苦衷縱未十分了解，然已完全諒解矣。但不知尚可再思否？

惠函提及「先生德高望重，夙稱公允，眼見國民黨強權而一再迫害黨外弱小，豈能無言！」但弟在此次溝通中僅處於中介地位，必須保持中立及超然，在溝通持續期間自不應公開表示對雙方有所好惡。且事有互動，黨外亦有若干不是。將來溝通結束時弟可能發表一篇聲明，以彰公道。

弟對吾兄言行，向甚重視，認爲兩人見解相距不遠。其中「柔性政黨」一點，尤有同感，然弟笨拙，從未想出此一絕妙名詞。弟以爲黨外公政會應可成爲一柔性政黨。蓋政黨之作用及其可貴，無非一、因其能發揚民意使其成爲政綱或國策，並二、領導志同道合之人納入組織喚起民衆，三、對其中有志從政之精英，並以集體力量輔其競選，助其當選，四、如果不能取得政權，亦能以在野身分監督政府，制衡權貴。凡此任務，黨外公政會在取得合法地位後，應可一一擔任，此則無政黨之名而有政黨之實，亦卽吾兄所謂柔性政黨，對民主政治貢獻頗大。

執政黨一年多前對公政會公開反對，揚言取締。弟竊以爲不可，遠從海外馳書當局，籲請罷手，並請導之使正，以利民主團結。後來稍經溝通，執政黨立卽同意公政會於易名登記後授予合法地位。有人近且勸執政黨不必堅持易名。如果僅辦登記，而可獲得法律保障及社會同情，但如果黨外連這依法必須遵行之簡單的登記手續，亦悍然拒絕，則照政府發言人所宣告，柔性政黨固不可能，剛性政黨自更難期矣。不知吾兄以爲何如？

七十五年八月二日

如何突破公政會問題的僵局

本（七十五）年六月公政會登記和名稱（不用「黨外」兩字）問題形成僵局，因爲執政黨堅持這兩者與公政會得設立分會的承諾，形成連帶關係，三者缺一不可，但黨外態度則正好相反，他們認爲設立公政會乃是人民的固有權利，無需執政黨或政府的承認，因而拒絕登記和改名。張冠生先生頗感憂急，提出折衷調和的三點辦法徵我意見，我很贊成，後來就發表在《自立晚報》，可惜黨外不爲所動。茲錄張文於後：

在國策顧問陶百川先生，臺大教授胡佛、楊國樞及李鴻禧等四人的熱心奔走之下，執政黨與黨外人士連續進行兩次政治溝通，但由於彼此對於公政會的名稱及登記問題，仍有歧見，以致原定七日舉行的第三度溝通餐會被迫延期，個人以爲如果繼續僵持下去，不但損及雙方利益，而且有礙整體政治和諧的局面，如何突破僵局呢？個人謹提供淺見，貢獻黨內外朋友，希望雙方都能接受這個解決的辦法：

一、公政會得設立縣市分會。

二、公政會及其分會以一個月的準備，分別向主管機關辦理立案手續。

三、公政會名稱不用「黨外」字樣（百川註：或照邱垂亮教授的建議，以「民主」兩字代替「黨外」），但得保持其原有傳統及現行體制，並得為其會員從事輔選活動。

以上第二項所謂立案手續，祇須檢具章程及會員、職員名冊向政府備案，即可取得法人資格，不再辦理許可及登記手續。

以上三項具有連帶關係，執政黨及黨外必須同時接受，方始有效。

張冠生

（附載一）海外三位學人的期許

（《中央社》華盛頓十八日專電）美東地區的學人，對於祖國的政治發展，都非常關切。他們更希望中華民國政府、執政黨及無黨籍人士，都能以最坦誠的態度、胸懷，為共同目標——中華民國能更進步——而團結和諧，開創未來。

他們也都一致指出，內部的不穩定，最大的得利者將是中共，其次為「臺獨」，而中華民國人民將是最大的受害者。

針對最近少數無黨籍人士因林正杰案而聚衆遊行，以及未來臺灣如何在團結和諧、兼顧安定與進步情形下，走向一個「制度化民主」，三位學者丘宏達、余英時及許倬雲，提出了他們的看法與建議。

基本上，他們都認爲，過去幾十年來，國民黨在中華民國發展上的成就，是個不可否認的事實；如何在現有的基礎上，使中華民國能走向另一個境界，則在未來幾年內，中華民國各階層人士，不分政治立場，必須以無比的魄力、決心，以及積極的作爲，才能達到目標。

這些學者都不同意少數無黨籍人士訴諸街頭行動，以達到政治目的作法。但他們認爲，過分強調安定的消極態度，也同樣的無法接受。

令他們感到樂觀的是，目前無論執政黨或無黨籍人士，甚至一般民衆，基本態度的趨向都屬於「冷靜溫和」，而政府政策方向都非常正確，問題是如何以具體的行動，突破這個關鍵時刻。

馬里蘭大學法學教授丘宏達表示，林正杰以遊行方式表達他對法院判決不滿的作法，是錯誤的。他應以法律行動，尋求解決，否則就是向法律及政府法統挑戰。

他特別指出少數無黨籍人士「走火入魔」，不了解美國，認爲得到了幾個美國議員支持；事實上，美國的政策是由總統及行政部門決定，而美國對中華民國的政策是非常清楚的。

丘宏達說，少數無黨籍人士不了解大勢，煽動羣衆，假如繼續鬧下去的話，得利的就是中共及「臺獨」。

針對未來，他建議，無論執政黨或無黨籍人士，都一定要繼續加強溝通；唯有透過開誠佈公的溝通，雙方才能建立共識，而達到「臺灣更好」的共同目標。

丘宏達對於國民黨也有更高的期望。他建議國民黨在強調安定及內部團結時，應因應現實，擬定長程、具體的政策、行動。同時，國民黨對於無黨籍人士合情合理的要求，應能充分考慮。

匹茲堡大學歷史學教授、中央研究院院士許倬雲表示，經過多年來的選舉，國民黨與無黨籍人士的「互動」外，可以發現執政黨與無黨籍人士的主流都是「冷靜溫和」的。而在選舉以前的較為緊張時刻，發生了林正杰的案子，是一個「突發」的不幸事件。

但在這個事件中，令人慶幸的是，在遊行中並未發生暴力事件；無論執政黨、無黨籍人士或羣衆，也都避免打人事件，也說明了「冷靜溫和」的成分已普遍，而防止了暴力。

許倬雲希望大家都有「同舟共濟」的精神。少數人唯恐天下不亂，危言聳聽，危害國家民族，是令人唾棄的。任何內部混亂的結果，是中共、「臺獨」得利，而老百姓必然是輸家。

根據世界各國的經驗與教訓，許倬雲表示，民主是個長期學習過程，目前中華民國各界必須從長期學習中適應調節，而求取進步。

對於未來民主發展過程，許倬雲表示，「冷靜溫和」的主流必能戰勝，但逆流似會持續存在一些時期。

他也同樣認為，目前國民黨與無黨籍人士的溝通應繼續。

耶魯大學教授、中央研究院院士余英時指出，國民黨與無黨籍人士不但要避免「兩極化」現象發生，更應開誠相見，建立互信。

他表示，國民黨不應以過去的成就爲滿足，在未來幾年內，必須以更大的魄力，採取積極措施，帶動中華民國走向制度化民主。

余英時並指出，國民黨不應過分強調安定，而過於消極被動，應在追求中華民國更好的理想之下，一步一步走向更進步。

他特別指出，這個過程是有秩序的，在法治的精神下進行。執政黨與無黨籍人士應心平氣和，誠心誠意透過溝通，解決一些存在的問題。

余英時與丘宏達都認爲，法院對於林正杰的判決，值得再多作考慮。而執政黨對無黨籍人士的態度，搖擺不定，處處顯得被動，而無黨籍人士也抓住了這一弱點。

這三位學者在訪問中也一致表示，在開放組黨方面，國民黨亦可考慮放鬆。他們認爲，實施多黨制，最有利的將是國民黨。以國民黨的現有力量，即使開放了黨禁，國民黨必仍是多數黨，但對整個政治發展而言，卻有另一重要意義。

（附載二）中介學者仍為溝通忍氣吞聲

莊佩璋

從五月十日黨內外第一次溝通以來，由於五一九活動、蓬萊島案、鄭南榕案、顏錦福與林正杰案的激盪，不但溝通中挫，反而惡化成街頭的「推擠拉扯」。

這四個月來，最尷尬的是負責溝通的中介人士了，他們左手拉着黨外，右手抓着執政黨，自己卻空空盪盪地懸在空中動彈不得！

德高望重的陶百川先生，因年歲已高，難耐酷暑，夏天向來不留在臺灣，這次爲了溝通，辛苦地留下來，當然是有所期待，不料，溝通卻一波三折，陶百川因此屢有「溝通不行，乘桴浮於海」之嘆。

李鴻禧教授在林正杰案宣判後，也曾激動的說：「絕不再溝通了！」有好幾次，陶百川與三位學者都想擬一份聲明，就此讓溝通落幕，但是，最後又都忍住了。他們也了解目前沒有適合的政治氣氛，那麼，他們爲甚麼還執着於溝通呢？

一位學者語重心長的說，「五月十日的溝通，是因爲公政會要成立分會，執政黨聲明要取締，爲顧慮引起全省性衝突，才倡議溝通，現在政局的緊張，更百倍於溝通前，怎可在此關鍵時

刻宣佈放棄溝通，來推波助瀾呢？」

另一位學者也提出他的看法：「黨內外的激進派目前都不是權力的既得者，他們希望因衝突而造成權力重組，臺灣現在是內憂外患，祇要溝通還有一絲希望，激進派至少不會全面擡頭。」

這就是爲甚麼溝通已呈「植物人」狀，而中介人士還不忍拔掉氧氣管的原因！

黨內外高瞻遠矚的政治家們，是否也應該顧全大局，爲國家前途找出一條更寬大平坦的路呢？

(附載三) 政府速訂政黨法黨外何妨漸進

顏文閂

上（九）月底，黨外在圓山飯店突然宣佈組織政黨，令各方人士感到震驚，並關切執政當局會怎樣因應這個變局。出乎意料之外，執政當局並未採取強烈的處置行動，使各方人士對於執政當局的沉着態度刮目相看。

雙方應保留迴旋餘地

執政當局經過審愼研究及深入了解後，認定黨外九月二十八日在圓山飯店宣佈組黨屬於「籌備階段」，而未採取處置行動，自屬於法有據；而黨外在中介人士的奔走、斡旋之下，也有自我節制的表現，在其推薦立委及國代候選人的公告中，宣稱上月底在圓山飯店召開後援會會員大會「通過發起組織新黨」，與先前一再強調已經成立新黨，保留了廻旋的餘地。

更令人鼓舞的，執政黨面對此次突然而來的衝擊，非但未退縮既定的政治改革計畫，而且劍及履及地加速改革步伐。連日來，中央十二人專案小組已對六項重要議題中最敏感的兩項——戒嚴及黨禁問題提出初步結論，卽可依照法定程序逐步付諸實施。

到現在爲止，黨內外面對多年來政治上的重大變遷的因應，都令人激賞，朝野人士對未來政治遠景，都懷着希望與期待。但晴空中陰霾仍在。黨外在九月二十八日圓山飯店的舉動之後，又宣稱今年底以前將舉行「第一次全國黨員代表大會」，將組黨工作再往前推進一步；在此同時，執政當局也提出警告說：目前仍不宜組織新黨，違者將依法處置。很顯然執政當局對於黨外組黨的步驟，絲毫不掉以輕心。

在這種情況之下，如果黨外執意在年底以前舉行「第一次全國黨員代表大會」；又如果執政當局也斷然採取處置行動，那麼雙方的衝突恐難避免，黨外很可能運用羣衆的力量以自保；執政當局亦將行使公權力以自重，相激相盪，後果將不堪設想。

以社會安定優先考慮

今天不論是黨外從事政治反對運動也好，是執政黨執掌政權也好，對於當前兩種民心趨向是不能忽視或背離的：一是在邁向現代化國家過程中，建立政黨政治已成了潮流所趨，制衡的觀念更是深入人心；一是由於經濟的發展，國民所得的提昇，大多數民衆都期望社會安定，政局穩定，經濟再發展。

在這個背景之下，黨外倡導理性的制衡觀念，促進政黨政治的早日實現，很容易博得社會大衆的認同與支持；但如果在追求政治民主的過程中，帶來了政局的動亂，社會的不安，將使民衆感到畏懼而猶疑，黨外要追求的目標，可能欲速而不達；對於執政當局而言，如果因勢利導，促使政黨政治水到渠成，將使多年來實施民主憲政的決心，得到具體的驗證，從而獲得更廣大民衆的支持，政權的基礎也因而更加深厚而穩固；但如果不顧潮流所趨，一味抗拒其他政黨的成立，可能徒勞無功，而且很難見諒於社會大衆，特別是知識分子；如果又不顧一切對於任何組織政黨的行動採取斷然處置而引起政局的紛亂及社會的不安，亦將影響民衆對未來前景的信心。

換言之，在此政治上關鍵時刻，任何動亂既不利於黨外政團，亦不利於執政當局，更非國家及國民之福，因此，雙方在因應組黨問題不宜有過激之舉，以符合國家的利益及國民的期望。黨內外對此應建立共識，以免釀成難以彌補的禍害。

政治上的中介人士爲了化解未來可能釀成的政治衝突正在絞盡腦汁，奔走協調，黨內外對其不計謗譽的苦心，宜加尊重與肯定。黨外人士應了解最近的政治變革是多年來政治上的重大突破，黨外的努力已向前邁出了一大步，何妨適可而止，循序漸進，不急於在年底之前舉行「第一次全國黨員代表大會」，先行舉辦籌備大會（實質與代表大會相差無幾），俟年底選舉後再從長計議。

回到溝通桌調整步伐

執政當局爲了謀求團結和諧與推動政治改革的決心，亦應表現建立政黨政治的更大誠意，儘速規劃政黨政治的架構，早日導反對勢力於正軌，而不應以一般政治社團對待而已，才不致治絲益棼，節外生枝，使問題更趨複雜，也更難解決。

爲今之計，黨內外應重回溝通協調的桌旁，彼此作必要的妥協與調整，才能消除晴空中的陰霾，袪除民衆的疑慮，黨外政團追求的目標或不致於落空，執政當局進行的政治革新，也才會落實！

（附載四）高層次政治溝通的適當時機

張忠棟

目前的政治溝通顯然已經陷入僵局，不易打開，其所以如此，大概有三方面的原因：

三個因素造成僵局

第一、從五月十日開始溝通，執政黨和無黨籍人士所追求的目標差距太大。就執政黨而言，目的祇在求黨外公政會易名登記，在黨外方面，則要求更根本的政治改革，想取得較多的政治權利。雙方的目標如此不同，每次溝通就祇能吃吃飯，然後各說各話，實在很難有具體的協議。

第二、三個月以來，溝通的氣氛已被嚴重毀損，雙方面都受牽制，不時又發生不利於溝通進行的行動。比較而言，執政黨的寬容精神似仍不足，執政黨資源豐盛，既然追求溝通和諧，實可率先表示寬容，以誘導黨外的溫和轉變，然而恰於此時若干司法案件的處置，竟致黨外激進派更加振振有詞，實爲溝通愈來愈難的另一原因。

第三、由於年底的選舉迫近，執政黨和黨外雙方都有人把溝通當作手段工具，以求取競選的有利地位。大家溝通的誠意愈來愈少，贊成溝通和反對溝通的立場愈來愈不一致，此時要談溝通，何異緣木求魚？

由於以上的原因，當前的溝通已不可能有太多的實質意義，很難達成原來促進政治和諧，建立政治共識的目標。個人甚至認爲，繼續勉強溝通，還可能造成執政黨和黨外之間更多的誤會和摩擦。因此，溝通的工作實無妨暫時中止。

但是溝通的暫停，並不表示永遠不再溝通，也不是說溝通的任何一方可以因此準備擴大衝突。溝通的暫停，應該是執政黨和黨外暫時回到原來的關係，回到五月十日開始溝通以前的舊局面。具體的說，黨外公政會、編聯會、後援會等團體的存在與活動，原來已是執政黨默認的事實，在去年和前年的選舉之中都沒有加以取締，今年選舉即將來臨，也不必特別取締。

暫時放緩溝通脚步

溝通的暫停，是指高層次政治問題溝通的暫停，不表示其他低層次的溝通都要同時終止。過去每次選舉，選舉活動如何進行，競選場地如何安排，選舉秩序如何維持，執政黨和黨外對於這類問題，總會作一些技術性的協調。年底的選舉若要順利辦理，避免暴力衝突，也還有待雙方繼續聯繫商量。

溝通既然祇是暫停，而非永遠全部的中止，便是說在適當的時機到來之際，執政黨和黨外仍應進行溝通，以處理雙方的根本爭議。然則何爲適當時機？所謂根本爭議究竟何時才能作更有意義的溝通？簡單的說，目前的溝通既因選舉迫近不易進行，未來溝通的恢復，便應在選舉以後。過去三年，每年都有選舉，今年選舉以後，至少有兩年不會再有選舉，是一段比較平靜的時期，也許比較適宜於高層次的政治溝通。

此外，執政黨目前正在研議六大政治問題，其中至少有四大問題都是高層次的政治溝通，必然無法避而不談的題目。因此，溝通的再恢復，也無妨配合執政黨研議六大問題的進度。祇要執政黨在六大問題中的四大問題有了比較具體的方案，而且又能合乎民主憲政的基本精神，未來的溝通就可比較順利，不至於再像這次溝通一樣，老在枝節的爭論上繞圈子。

中介人士應受尊重

關於中介人士在溝通中所扮演的角色，說來也是一言難盡。這次的四位中介人士，陶百川先生是前輩，另外三位都是好朋友，他們平日對政治權勢無所求，這次爲了緩和政治的緊張對立，作盡一切的犧牲和奉獻，卻未能得到足夠的尊重和諒解，可說是我們政治上的另一隱憂。民主政治和多元社會之下，必然衍生不同的政治勢力，在不同的政治勢力之間，本來特別需要不忮不求的中介人士，然而過去幾十年之中，政治權勢確未鼓勵別人卓然獨立，不乏仰承鼻息，貪慕富貴之輩，像陶百川先生等值得尊敬的熱心中介人士卻是越來越少。將來有一天，誰也不肯蹚渾水，誰也不肯跳火坑了。

最後再次強調，今後處理黨外問題，一方面要在適當的時機恢復高層次的政治溝通，一方面還是要努力掌握人心，老實說一句話，執政黨如能虛心檢討施政缺失，大刀濶斧進行根本的政治改革，更不愁人心不會凝聚，也不必擔憂黨外勢力的發展。

溝通中介的夭折

舞蹈中人的元素

溝通中介的夭折

夢遊中人尚未老

溝通中介感言

兩位外國新聞記者最近垂訪，其中一位問我有什麼不對，以致黨外有人說我思想退化了，因而對我表示不滿。我說難怪他們。

我也指出，不獨黨外，卽使我的國民黨同志也有多人對我表示不諒解，其中不僅鷹派，有些鴿派亦復如此。我說那也難怪。

曲高和寡．無可奈何

因爲我想到了戰國時代留下一個故事「宋玉對楚王問」所以認爲毫不足怪。史稱楚襄王問宋玉：「先生也有短處麼？何以民衆對你那麼不滿呢？」宋玉說：「是的，不錯，確有不滿之事。」

宋玉接着以唱歌爲喻，訴說原因。他說，有人在郢中唱歌，先唱下里巴人，與他唱和的多達數千人，繼唱陽阿薤露，和者減爲數百人，後唱陽春白雪，和者更減爲數十人，最後唱更高的曲子，和者不過數人而已。於是宋玉畫龍點睛似地說：「是（則）其曲彌高，其和彌寡。」

原來我和胡佛、楊國樞、李鴻禧先生等四人扮演中介角色，最初祇求團結和諧，那是「下里巴人」，是很多人能唱和喜聽的。後來發現有些敏感的問題，涉及共識和共信，不是杯酒聯歡所能解決，於是我們不得不把溝通的目標提高到自由民主，並與團結和諧連接起來。稍後又發現自由民主應有一些界限和軌道，因而又呼籲憲政法治，並把它與團結和諧及自由民主連接而成爲一個大連環。這是說團結和諧是自由民主及憲政法治的團結和諧，不能孤立；自由民主也不應孤立，而是團結和諧及憲政法治的自由民主。基於同樣的道理，憲政法治乃是團結和諧及自由民主的憲政法治，互相連鎖，互爲條件。於是曲調就高，而曲高和寡，我們四人的處境就逐步困難了。

因爲喜歡聽我們唱自由民主曲的人，未必都喜歡我們再唱憲政法治曲，而喜歡聽憲政法治曲的人又多不喜歡聽自由民主曲。但是我們各有信仰，自有權衡，不能隨人俯仰，於是我們的中介角色也就做不下去了。有人更因此借題發揮，於是匿名文章，無頭黑信，對我們大肆攻擊。

溝通挫折．我心欲碎

我們忠而被誣，當然不無怨尤，但最感傷心的，乃是盡心竭力而無補於事。

回憶我們在溝通之初，本想以黨外公政會爲中心推進政黨政治。我在四月下旬拜訪蔣總統，體會到他認爲臺灣社會已多元化，社會各種不同的利益和民意應由各種不同的組織和管道爲其代表和宣達，執政黨因而着手研擬政治結社的法制，以擴大現行規模的政黨政治。

不出所料，執政黨不久就在第一次溝通餐敍時表示，如果黨外公政會同意不用「黨外」字樣和依法登記，政府就准它設立各縣市分會，享受一般政黨的權益，以試行政黨政治。照我的了解，如果朝野合作得好，政府無所恐懼，人民無所疑慮，黨禁就能開放。那將是推進我國民主政治的一個大步驟。

可惜黨外拒絕登記。我們雖建議以報備方式代替登記，並勸執政黨准用「黨外」字樣，但仍未荷黨外接受。

於是我和三教授又主張朝野雙方應速溝通協調，在試行公政會模式的「準政黨政治」後三年（民國七十八年）完成政黨法的立法程序，於七十九年起實施全面性的政黨政治。

執政黨頗以爲然，但黨外以政府堅持公政會必須依法登記並一再聲稱否則就要「依法處置」，索性一不做二不休，於九月二十八日宣佈成立新黨，圖以堂堂之陣整整之旗與執政黨抗衡，萬一破裂，也是師出有名。

溝通挫折，我心欲碎，可是我們認爲仍不應就此放棄。

最後努力·美好展望

於是乃有「籌備階段」的說法，意思是：執政黨認爲民主進步黨尚在籌備階段，同意它享有籌備權利，一俟政黨法規完成立法程序時，依法成立。但民進黨則宣稱該黨已成立並將召開代表大會，完成手續。我們建議，雙方對這「各說各話」，互不否認。

我們並且試圖要求民進黨同意將代表大會的召開日期和辦法列爲溝通事項，以求順利而保和諧。但該黨表示代表大會必須在這次增額民意代表選舉前舉行，而執政黨則堅持不可，於是溝通便中斷了。

我們發表了三點意見，有似臨別贈言，如下：

「近日來我們從事實質的雙向溝通，特別著重黨禁開放的問題，我們的意見主要有三：一、政治團體的開放應包括政黨在內；二、規範應具公平性，有關法制的修訂，對各政治團體應一律適用；三、政黨活動的自由應予保障，有關法制應重原則性的規定，不必作過多不必要的約束。我們的意見已向雙方表達。」

執政黨對此不久便作出好的回應，預示政黨政治已有美好的開始。

結構未變・令人關切

美國《時代》週刊的記者、臺北《自立晚報》的編輯和《遠見》雜誌的專欄作家，都曾向我提過一個類似的問題：他們基於國民黨的高層結構變動不大，懷疑這次兩大民主改革能夠開花結果；他們也因黨外的結構不固，意識紛歧，懷疑將來能夠飛黃騰達。我認爲他們懷疑得頗有道理。

因爲以國民黨來說，從興中會、同盟會、中華革命黨以至中國國民黨，它一直是一個革命黨，現在「革命尚未成功，同志仍須努力」革命。來臺後它雖順應潮流，倡導民主，但仍不忘革命，而以「革命」「民主」政黨自我期許。

幸而國民黨的領導人蔣經國先生知本而明勢，務實而遠矚，最近作出的兩大民主改革，便是明證。我相信他會繼續推動國民黨的整個機構邁向民主。「時勢造英雄，英雄亦造時勢」，現在國民黨已兼有英雄和時勢，它的結構還能不變麼！

至於民主進步黨，則「兩岸猿聲啼不住，輕舟已過萬重山」，它的運氣眞好，預卜它前程遠大。可是它「先天不足，後天失調」，外打冷戰，內陷冷和，尚有待大政治家導之以法治理性，勉之以正大光明。我預祝它好自爲之，不負衆望。

七十五年十一月十八日

（附載）溝通協調的精神和方法

《聯合報》

（臺北訊）針對「民進黨」四月十九日示威行動暫緩舉行的決定，國策顧問陶百川昨天接受記者訪問時表示，期待有關各方能以善意和耐性，並利用議會管道和民主方法繼續溝通和協調，使社會各界和朝野各方不再受街頭示威行動的困擾。

曾經努力設法化解示威行動的陶百川昨天說，他於本月八日在本報二版寫了〈立法院要自修．民進黨要自制〉一欄，乃是以無可奈何的心態稍盡言論報國的責任，以求心之所安而已。但卻引起一些共鳴，有人希望他鼓起更大的勇氣，爲朝野做些溝通。

陶百川指出，他與有關人士稍作接觸後，提出了一些化解的想法，但並不存多大希望。現在「民進黨」已經自動將「四一九行動」暫緩舉行，自爲大家所樂聞。

但是，陶百川認爲，許多問題仍然存在，而且很尖銳，必須設法解決，他期待各方能以善意和耐性，並用議會管道和民主方法繼續溝通和協調，使各方不再受街頭示威行動的困擾。

七十六年四月十六日

黨禁被衝破洪峯應疏導

三十多年來的黨禁已於九月二十八日被黨外的「民主進步黨」一下子衝破了。它正式宣佈成立，並不是尚在「籌備階段」，後者是因政府不能「依法處置」，而由中介人士替政府想出來的臺階，好讓政府有下臺的藉口，以便亡羊補牢。

但政府決策人士必須了解黨外組黨的決心，犧牲的準備，並將在數十日內召開代表大會，展開工作，不是「依法處置」所能加以阻止。這些道理，我曾一再向當局說過，不是今日有先見之明。

而且六年前我已建議政府必須看遠一點，從速訂立政黨法，有辦法和有步驟地開放黨禁。現爲疏導「民主進步黨」的洪峯，我提供下列三項辦法：

一、先請執政黨採納我們中介人士而由胡佛教授向馬秘書長提出的建議，發表談話，宣佈在某些條件下（例如反對臺獨和中共）開放黨禁。此項聲明，最好能在總統本年國慶致詞中宣佈。

二、請十二位常委於先總統百年誕辰前發表政黨法要旨，號召海內外於五個月內展開研討。

三、行政院在明年九月向立法院院會提出政黨法草案，於兩個會期內（一年內）完成立法程序公布施行。在此之前，人民不得擅組新黨。

這是我國實施政黨政治的二年計畫，可以宣示政府進一步發展民主憲政的最大誠意和決心，必能加強國內外同胞的向心力以及全世界國際人士的欽佩，於是中共臺獨也必自嘆不如，而黨外組黨問題就很妥善地解決了。

七十五年十月二日

建議兩黨息爭辦法

一、黨外人士重申接受蔣總統對《華盛頓郵報》發行人發表之組黨三原則。重申文字如下：1.遵守中華民國憲法；2.擁護政府反共基本政策，反對中共的「四個堅持」；3.與臺獨組織及分裂運動劃清界線。

二、執政黨重申解除黨禁並在新訂或修訂法規中明文規定：「人民得依本法組織政黨」。

三、執政黨認爲民主進步黨尚在籌備階段，同意其享有籌備權利，一俟政黨法規完成立法程序，依法成立。但民進黨不妨宣稱該黨業已成立並將召開代表大會，完成手續。雙方對此各說各話，互不否認。

四、民進黨向中央選舉委員會提報候選人及其共同政見請予備案，由該會函覆：「准予備查。此覆民主進步黨籌備委員會」。

五、民進黨同意將代表大會之召開日期及辦法列爲溝通事項，以求順利而保和諧，但此項承諾以明年一月底爲限。屆時如果協議不成，民進黨得召開大會，執政黨不加干涉。

七十五年一月五日

小脚再放網開三面

——與《時報新聞》週刊記者的問答

總統功德光明大放

問：執政黨所做二項重大革新，解除戒嚴與開放黨禁，是您多年來的一貫主張，您爲此曾多次呼籲當局採取改革措施，現在，這二項政治改革已初步實現，您的感受如何？在現階段的情勢下，對未來政治局勢的展望如何？

答：這兩大民主改革，解除戒嚴和開放組黨，足以增強團結和諧，鞏固長治久安，促進自由民主，端正憲政法治，而且也有利於對付中共的統戰以及有益於推動國家的和平統一。

唯其因有這樣意料中甚或還有意想不到的效益，我們這些憂國憂民的知識分子，多年來奔走呼號，鼓吹推動，不遺餘力。現在眼見這兩大改革快將寶塔結頂，我的歡欣安慰，自能不言而喻。

這兩項功德是誰的貢獻呢？我們這些無權無勢的書生，作用不大，但也不是執政黨的三中全會，因爲它根本沒有涉及該項改革的決議，也沒有相關的提案，我曾提出一份書面意見，略中所見，可是根本沒有引人注意（請參看拙著《政治玉連環》第一二五頁）。

然則是否是十二位中央常委所組成的研究小組的功德呢？我的評語是：「千呼萬喚始出來」，可是「猶抱琵琶半遮面」。它已做得難能可貴了，但是還可做得快一點和好一點。

誰在「千呼萬喚」呢？是主席蔣經國先生。沒有他的「呼喚」，該會根本不會有這兩項改革的議題，遑論結果！

基於同樣的道理，因爲有着蔣總統的領導和督促，我預料該兩項改革必能貫徹始終，大放光明。

小脚再放網開三面

問：您所引「千呼萬喚始出來，猶抱琵琶半遮面」，我很欣賞。政府應就執政黨這兩項政治革新速卽開始後續工作，如新法的研擬，舊法的修正，以及再往後的執行層面，您有何建議？

答：以大家所希望的政黨政治來說，執政黨的政策似乎還不夠明確和務實。究竟擬議中的政治團體能否叫做「政黨」？是否讓它具有現代民主政黨的特質和特權？一般人尚在懷疑。

基於政治原則和立法技術，我以爲應該准用「政黨」之名。惟有如此，方能稱得上是解除「黨禁」，這樣方始符合蔣總統對美國記者所宣佈的：「如果他們符合這些要求，我們將容許成立新黨」。

至於解除戒嚴，我也為琵琶所遮，而「不識盧山眞面目」。執政黨的政策，是要另訂新的國家安全法，但我不知有何必要。聽說執政黨擬了幾條有關國家安全法的原則，我建議迅卽公開出來以廣徵民意。如果可以修改現行那些安全法規而達到保護安全的目的，則就不必畫蛇添足，另訂新法，以免大家相驚以伯有。

通過考驗人民有福

問：在較寬廣的推展民主憲政的客觀環境下，您對主導國內政局的執政黨和積極致力發展新黨的反對人士，有何期待？

答：我以為執政黨和黨外必須開始學習如何互尊互諒，和平相處。本月五日蔣總統在中常會的講話，可圈可點，可歌可泣，感人很深，而我最欣賞其中兩段。一是說：「時代在變，環境在變，潮流也在變，因應這些變遷，執政黨必須以新的觀念，新的做法，在民主憲政的基礎上，推動革新措施，唯有如此，才能與時代潮流相結合，才能和民衆永遠在一起……（我們）一定要積極推進，徹底執行，儘速完成。我們要讓大家忙碌起來……切實達到改造的績效與成果。」凡我國民黨的同志們尤須躬行實踐，徹底做到，使黨外無隙可乘，甚至無話可說，卽使說了也不動聽。

蔣總統的第二段話是：「我們不能盲目衝動，意氣用事。因爲意氣用事或衝動都極容易使得自己失去理智而遭到挫敗。歷史上很多此類的例子，小不忍則亂大謀，不可不愼。」這雖是蔣總統對黨員所說，但我以爲黨外人士尤當注意。

黨內外中斷了五個月的溝通餐敍，可能在下月上旬恢復，就幾個敏感問題溝通意見。對於蔣總統的話，我希望我們都能通過考驗，不繳白卷。

七十五年一月二十日

為溝通進一解

尊函及複印大作皆已奉悉。殊感關切，敬表欽佩。承囑就政協三問題及溝通疑問，「與國人溝通」，因弟對「四知」（知己知彼知時知地）見聞頗多，感受頗深，本可遵辦，但溝通已近尾聲，反對溝通者已如願以償，爭議當可平息，弟不應再禍延梨棗，故已無贅言之必要矣。

但念溝通政策為本黨主席所親定，且一再公開號召，凡我同志不應反對。至執行方法，聞中央三位副秘書長一切秉承中央負責人及其專案小組妥慎辦理，迄今尚無過錯。至於三位教授與弟則僅奔走傳話，不負實際責任，故無功過可言。凡此想皆為先生所明鑒也。

揮汗肅覆，不盡欲言。順頌

議祺

七十五年八月八日

（附載一）新黨成立溝通落幕

李筱峯

七十五年五月七日，蔣經國在國民黨中央常會中公開表示：「應本着誠心誠意的態度，與社會各方面人士進行溝通，以促進政治和諧與民衆福祉。」三天後，五月十日，由望重士林的學者專家陶百川、胡佛、楊國樞、李鴻禧四人出面邀集黨內外雙方人士，當面餐敍溝通。

中介學者促成溝通

實際上，中介學者擔任黨內外溝通的工作並非自五月才開始，早在一年多前，公政會成立之初而國民黨當局聲言要強行取締時，在臺大任教的自由主義學者胡佛、楊國樞、李鴻禧、張忠棟即主動在幕後進行協調溝通的工作。他們深感國步艱難，政府的形象又深受「十信案」及「江南命案」戕害之際，若再引發類似「美麗島事件」的強烈朝野對立的衝突事件，不僅黨外在野勢力會蒙受摧殘鎭壓，而且國民黨本身也會遭到極大的傷害，國家社會更要蒙受難以回復的破壞。因此就挺身而出，分別對黨內外雙方試行間接雙方溝通，希冀各自努力自我節制、避免尖銳對立，謀求政治和諧和國家安寧。由於這幾位教授平日之評議時政，無忌無畏，立場公正超然；既能獲得黨外人士普遍信賴，同時也爲一般國民黨人士所敬重；因而，經過他們數月之溝通調協，終於緩和了政府執政黨急欲取締黨外『公政會』與『編聯會』的念頭。未幾，一九八五年底臺灣的地方省市議員及縣市長選舉展開，黨內外雙方全力投入選戰，疲於奔命地爭逐選票，溝通協調就自然冷卻下來。到了公政會開始醞釀設立分會後，朝野之間的緊張氣氛又昇高，胡、楊、李三位教授乃重挑重擔，又開始進行暫停一時的黨內外溝通。恰巧，此時總統府國策顧問陶百川，回國參加國民黨三中全會，陶氏長年諤諤論政。久爲黨外人士所欽仰。既知三位教授正努力從事溝通，也深以此時此際黨內外溝通有助於彼此理解與政治和諧，乃趁會見蔣經國總統之便，面陳溝通的意義與必要性，獲蔣氏的贊同。於是在幕後進行了一年多的黨內外溝通，就此拉開簾幕搬上政治舞臺，成爲社會矚目的焦點。

這次溝通餐會由四位中介學者作東，被邀請的雙方代表，國民黨方面是中央政策委員會的三位副秘書長——梁肅戎、蕭天讚及黃光平；黨外方面的代表是尤清、謝長廷、康寧祥、黃天福、費希平、張俊雄、江鵬堅、游錫堃八人。

五月十日的溝通餐會，除黃天福之外，全部到齊。在五、六個小時的會議中，國民黨代表一再表明執政黨是本着誠心誠意的態度，要與社會各方面人士進行溝通，以促進政治和諧與民衆福祉，希望黨外人士能認同中華民國憲法，將公政會之「黨外」用語更改，並依法登記，俾政府同意公政會及其分會的成立；並特別要求黨外人士不要拿外國民主政治的標準來衡量我國政治現況，或要求同樣的自由與人權，應有非常時期不同於平時的共識。

黨外人士則表示，國民黨要與黨外共同遵守中華民國憲法，廢除臨時條款及戒嚴體制，並主張黨外公政會是政治結社，不以登記爲要件，如果要登記，執政黨也須登記；同時要求政府尊重民衆的言論出版、集會結社的自由；最好能在八月提名中央民意代表之前，提出健全政黨政治方案；特別強調朝野應在理性與誠意的基礎上，相互溝通。

經過五個多小時你來我往的爭論辯難之後，最後與會人士對共同關切問題，達成三項結論：

一、參加人士對於中華民國憲法的實施都具有共識，至於如何積極推動民主憲政，仍有待繼續磋商。

二、參加人士對公政會與其分會的成立都表示同意，至於對「登記」及「名稱」問題，仍有不同意見，有待進一步磋商。

三、參加人士一致同意，在磋商期間要共同爲政治和諧而努力。

這次溝通餐會的促成及三項結論的達成，受到大衆傳播界大幅報導與稱許，學術界也發表不少評論肯定這次溝通的民主憲政意義，甚至不少評論家認爲這是中國政黨政治發展史上的一大契機。

溝不通

然而，在溝通餐會的同一天，朝野卻同時出現了兩個頗具政治意味的動作：以顏錦福、陳水扁爲首的黨外激進派人士，不理會溝通的進行，於溝通餐會當天正式宣布成立黨外公政會臺北分會。從該分會成立大會的草率及倉促，可以窺知該分會的成立顯然針對溝通之舉而來；同一天，警備總司令部發下一紙公文，停刊康寧祥所經營的《八十年代》雜誌一年（這是《八十年代》第四度遭停刊處分）。上述朝野這兩個動作，顯示了黨外內部的激進派，以及國民黨內部的保守右派勢力，對溝通的不滿。這兩個動作，被認爲是國內不滿意溝通的兩個極端對立的勢力，蓄意破壞溝通的環境與氣氛的象徵。

從國民黨內部極右保守立場的反應看，他們果然在溝通餐會之後，責罵之聲四起。有些極右學者藉着極右雜誌的座談，批判國民黨中央，詆譭溝通爲醜劇，堅持國民黨要對「敵人」革命。也有自稱「中國國民黨忠貞愛國黨員自救行動促進會」者，散發〈五・十溝通醜劇告全黨同志書〉的傳單，不僅指斥陶、胡、楊、李四位中介學者完全是一九四七、八年間所謂「民主人士」如羅隆基、章乃器、沈鈞儒等人的翻版，大陸淪亡的悲劇將在臺灣重演，更且祈盼蔣總裁顯靈，賦予本黨主事者以智慧、勇氣、魄力與決心，不要再姑息黨外，以免死無葬身之地。

而黨外內部的激進派人士，也以激烈的言行，來抵制溝通，對參加溝通的黨外人士，加以口誅筆伐。認爲跟國民黨沒甚麼好溝通的。例如，陳水扁則直詆「溝通」爲「鈎通」。五月十九日，以激進新生代鄭南榕等人主動發起的一項抗議長期戒嚴體制的示威行動——「五一九綠色行動」——在臺北市龍山寺展開，他們集合了約兩百名黨外人士，手持標語、身佩綠色彩帶，集結在萬華龍山寺，準備街頭遊行示威到總統府請願，要求解除戒嚴。治安單位則派出千餘名警察，築成數道人牆，團團圍住龍山寺，不准黨外示威人員出來遊行，雙方僵持十二個多小時。此次示威係由激進的新生代策動，部分公職人員及黨外長老被動參加。

雖然第一次的溝通餐敍，黨外爭回了一些政治權益，但是，「溝通」之舉的本身，卻也同時成爲黨外內部權力鬥爭的一種觸媒；同樣地，黨外公政會醞釀成立分會，原本是爲了使黨外整體的組織化能更進一步，但是配合着溝通的出現，設立分會之舉，卻也同時成爲黨外內部鬥爭的觸媒——激進派人士爲了爭取黨外內部的主流地位，以「不妥協」的強硬態度自我標榜，而將參加溝通說成是向政權當局妥協、靠攏、失去黨外抗議精神，甚至是出賣羣衆。這些標榜「不妥協」的激進人士，採取激進的羣衆路線，喊着「不驚死，打不死，打死無退」的口號，以烈士姿態，出現在羣衆面前，頗獲羣衆激賞。相形之下，那些在溝通餐桌上折衝樽俎的黨外人士，便會頓然失去光彩。五月十日顏錦福等人之倉促成立臺北公政分會，以及五月十九日的五一九綠色行動示威，表面上雖然都是針對國民黨而發，但是骨子裏卻也蘊涵着黨外內部的權力爭執，這是了解內情的人所領首默認的。

當一些激進的人士以激進的言行來爭取羣衆，再配合一些手握雜誌的激進新生代也以激進的言行作爲檢驗黨外形象的唯一標準時，其他的黨外人士祇好處於被動的地位，遇有激進活動時，即使自己覺得不妥，也不得不參加，或跟進，以免被那些激進青年利用操在他們手上的黨外雜誌批鬥，而失去羣衆基礎。康寧祥於顏錦福成立臺北分會之後一個星期（五月十七日），等不及第二次溝通，也立刻成立黨外公政會首都分會，或許正是這種受到激進派人士相激相盪的結果？

黨外這種相激相盪的氣氛，對於正在進行的溝通，顯然有負面的影響。激進的人士，本來就是要打破溝通的飯局，而原本有心要在會議桌上折衝的人，此時也逐漸無心溝通下去了。果然，在五月二十四日，由國民黨方面作東的第二次溝通餐會上，祇溝通出一個了無進展的「共同聲明」——「參加人士對於第一次溝通所獲致的結論之第一點、第三點，皆仍一致表示同意。惟第二點中有關公政會名稱及登記問題，經交換意見後未獲結論，容再溝通。」

內鬥公演

第二次溝通之後，本來預訂於六月七日由黨外代表作東，進行第三次溝通，但是此時黨外內部的氣氛顯然已不便於溝通的進行。尤其到了五月底，由於親國民黨的學者馮滬祥控告《蓬萊島》雜誌誹謗的官司判決確定，發行人黃天福、社長陳水扁、總編輯李逸洋三人被判有期徒刑八個月。這個官司的判決，更加引起激進派人士的不滿，認爲國民黨運用國家司法權來打擊黨外人士，乃進而更加杯葛溝通，排斥繼續與國民黨協調之舉。以顏錦福等人爲首的公政會臺北分會，乃借着這個「蓬萊島案」官司的判決，爲黃天福、陳水扁、李逸洋（號稱「三君子」）在全省各地舉辦了七場的「坐監惜別會」，每次聚衆動輒數千上萬羣衆，募款也多。他們在羣衆大會上痛斥溝通之舉，對促成溝通的中介學者加以冷嘲熱諷。氣氛發展至此，溝通顯然無法繼續下去，黨外公政會及其他被邀請溝通的黨外人士，頗多預備投入年底中央民意代表選舉，此時亦不敢再輕言溝通而授激進派予批鬥的口實。

「三君子」的「坐監惜別會」，不僅使黨內外的溝通中斷，也使黨外內部的權力爭執益加明朗而尖銳。臺北分會的部分人士，在羣衆演講時，不時標榜他們是一個專門受國民黨迫害，卻「打死不退」、抗爭到底的分會，不會去和國民黨吃飯，不會「放水」，言下之意，暗示着康寧祥的首都分會是「妥協的」、「放水的」。六月二日在臺北林口公園舉辦的「坐監惜別會」上，主持人顏錦福不僅對前來聲援的康寧祥及首都分會會員加以冷落，甚至出語諷刺；六月三日在板橋海山國中舉辦的「坐監惜別會」時，會前卽發生了由誰來擔任司儀而爭奪麥克風的情事。後來由陳水扁的助理、臺北市議員周伯倫擔任司儀，他於大會進行中，又故意冷落前來參加的尤淸、康寧祥。從上述這些現象，可以發現黨外內部派系的爭執，此時已搬到羣衆面前公演起來了！而且此時的黨外運動者，有意無意間已在羣衆面前建立了一套價值標準——祇有走在羣衆前面呼喊一些激昂慷慨的抗議口號，才是眞正的英雄好漢。

組黨競賽

儘管黨外內部明爭暗鬥，山頭爭雄，但是這些爭執對於新黨的醞釀卻也有積極作用的一面。早在五月一日，黨外正蠢蠢欲動準備設立公政會分會的時候，流亡海外的前桃園縣長許信良等人，在紐約「聯合國廣場」大酒店宣布成立「臺灣民主黨建黨委員會」，並預定八月正式建黨，年底遷黨回臺，聲稱不惜闖關坐牢。海外這一組黨行動，對臺灣島內的黨內外政局的關係，是一項變數。以國民黨立場看，島內的黨外運動與海外的建黨行動相較，兩者取其輕，當然寧可取島內的黨外運動而不願海外的激烈行動。執政黨於一九八六下半年所採取的開放的態度，或許是受海外這一變數的影響，也未可知；而海外的行動也與島內的黨外運動產生互動關係，雙方爲了拔得建黨的頭籌，於是各自較勁，誰也不願落於人後，跟不上建黨的時代列車。這種較勁的心理，在島內黨外公政分會爭相設立的同時，也自然產生，再配合着年底中央民意代表選舉前的選舉後援會的組織，「組黨」的行動便循勢而進，相激相盪，而無法「阻擋」了。

五月十七日，康寧祥、林正杰等正式成立黨外公政會首都分會時，其下卽設有「組黨行憲委員會」（蕭裕珍任召集人）；六月十三日，首都分會向公政會總會提出一份「民主時間表」，建議總會採納討論，並作成決議，以作爲全島黨外運動訴求的主題。這份由林正杰與康寧祥共同草擬的時間表，提出黨外運動五年內的目標依序是：一九八七年成立新黨，一九八八年解嚴行憲，一九八九年全面改選，一九九〇年總統直選，一九九一年臺海和平。其中有關「一九八七年成立新黨」的說明如下：「一九八六黨外公政分會陸續成立，代表了組黨的先聲。此種草擬組織，實爲籌組新黨的基礎。因此，在八六年年底之前，公政會應儘速在全臺每一縣市設立分會，全省七千二百八十個（臺灣省六二三八；臺北市六三〇；高雄市四一二）村里至少平均吸收一名會員。根據分會的基礎，再加上編聯會、關懷中心、臺權會、勞支會，及各地聯誼會、服務處等黨外次級團體，在一九八七年黨外應可成功地組織實質的新黨。」

七月初，黨外公政會秘密組成「組黨行動規劃小組」，成員包括尤清、謝長廷、黃爾璇等九人。開始具體地籌畫組織新黨的事宜；八月九日康寧祥領導的首都公政分會在臺北市金華國中舉辦組黨說明會；八月十五日，黨外在臺北市中山國小舉辦「行憲與組黨說明會」，邀請美國民主黨國際事務協會會長艾特渥演講，黨外各路人士尤清、謝長廷、周伯倫、康寧祥、邱義仁、顏錦福等多人亦分別就組黨各作說明，惟彼此內容與步調分歧，莫衷一是。羣衆則人潮洶湧，反應十分熱烈。首都分會人員於會中公開向民衆徵求新黨黨名；八月二十五日，鄭南榕主辦的《時代》週刊刊出黨外對組黨的看法，謝長廷提出「民主進步黨」爲新黨黨名；八月三十日，以黨外新生代爲主體的《新潮流》雜誌社於臺北市吉林國小舉辦組黨說明會，逐漸隱現新黨的性質。

正在組黨的呼聲頻響的時候，又有一件「誹謗案」官司的判決，造成臺灣實施戒嚴以來最大規模的一連串羣衆示威遊行。由於黨外的臺北市議員林正杰在議會批評國民黨籍的另一議員胡益壽利用特權貸款一億多元，法院無視於議員的言論免責權而將林正杰以「誹謗罪」判處一年六個月的徒刑。九月三日，臺北地方法院作了這項判決，林正杰當庭表示不上訴，同時展開一連串的示威遊行。

民主進步黨的早產

組黨的目標，顯然隨着街頭運動所帶來的亢奮而更突顯，當然，也可能因黨外內部互相較勁，而更昭彰。

組黨籌備工作，與年底中央民代選舉前的後援會推薦大會，可說同步進行。

九月十九日，參加溝通的七位黨外代表康寧祥、尤清、費希平、謝長廷、江鵬堅、張俊雄、游錫堃，邀請全臺黨外代表討論溝通事宜，會中決議由尤清、謝長廷、江鵬堅、邱義仁、李勝雄等組成小組，進一步研議黨名、黨綱及黨章。當卽簽署了十六名新黨發起人。九月二十七日黨外再度舉行的溝通與組黨座談會中，卽通過將在全國黨外後援會中，提案發起組黨工作，使組黨工作與選舉後援會工作結合進行。這項提案的案由是：「爲推動民主政治，發起組織新黨，廣泛徵求發起人，並儘速召開發起人大會。」

九月二十八日當天上午九時半，召開全國黨外後援會，出席者百餘人，會中首先變更議程把昨天的組黨議案列入第一項提案，會議採秘密會商方式進行，不對外開放。游錫堃擔任主席。提案人尤清向大會說明提案內容，尤清提出六點：一、後援會是過度性質的組織，我們的目標是要組黨，組黨的時機，大家認爲今年最好，而今年又以今天最好；二、組黨的準備工作已經做好，公政會的組黨行憲工作委員會和編聯會的組黨工作小組對於黨章、黨綱均已草擬完成；三、黨章、黨綱都已經有現成的可用；四、徵求發起人，今天大家都可以當發起人；五、黨名的訂定，現在已經有民主進步黨、自由進步黨、自由黨、臺灣民主黨、臺灣自由黨，祇要大家通過也可以共同決定；六、成立發起人大會，如果來不及可委託後援會及推選代表組成工作小組將公政會及編聯會的綱領做一個整理，訂定組織章程。

康寧祥提議由大會議決通過，即展開會員簽署聯名爲發起人，並由大會訂出時間召開成立大會。主席游錫堃徵詢大會意見，大家一致鼓掌通過。該項決議是：「爲推動民主政治發起組織新黨，並廣泛徵求發起人，至於黨名、黨章及黨綱，再由全體發起人集會研商。」秘書處人員隨即在會場進行簽名活動，會員和準候選人均簽名參加，大會並決議利用中午二點四十五分後援會的空檔時間，召開新黨發起人大會。

至此，新黨的籌組已有了眉目，但是大部分參加後援會的人都沒有想到，新黨竟然會在當天下午立刻誕生。當天下午二時四十五分利用選舉後援會的空檔時間，召開新黨發起人會，由費希平主持，首先討論是否先組織新黨成立籌備委員會，並且決定黨名，爲了黨名，大家經過一番熱烈的發言與討論。

到了下午五時，又再繼續召開新黨發起人會，於會中，有了戲劇性的發展——擬準備參加年底立委選舉的朱高正，突然提出乾脆就今天宣布新黨成立的主張，他表示今天推薦的人統統是新黨的候選人，他們站在第一線，如果新黨因案遭受迫害，全體候選人就拒絕參加選舉，讓國民黨承受空前的國際壓力，也讓海外同胞表示嚴重關切，朱高正並提議以選舉共同政見稍加修改爲政黨宣言十二條做爲黨綱；朱高正的提議，立刻獲得在場張貴木、張德銘、謝長廷等人的同意，均表示行動要快以免夜長夢多；尤淸也建議，今天就立卽宣布組黨，反正政黨的政治主張、黨章、黨綱這二個多月已經和各分會討論過了，不必再等了。爲了避免中國與臺灣的糾結，社會主義、資本主義與自由主義的辯爭，所以黨名用「民主進步黨」，如果要改以後還可以變更，在很多國家做反對運動都要面對壓力，改黨名的事在其他國家也是常有的，今天應該正式向全世界宣布組黨。

會場氣氛頓然熱烈起來，與會人士心情亢奮，互相感染，終於全場人士一致起立鼓掌。主席宣布民主進步黨正式成立。戰後四十年來，臺灣第一個在野的政黨，於焉誕生。

朝野兩黨對話

在民主進步黨正式宣布成立的兩天前——九月二十七日——法務部長施啓揚在立法院答覆國民黨籍立委林鈺祥的質詢時，還再三重申：此時此地不宜組新黨，如仍有少數人士不顧現實情勢，貿然組黨，政府將依法處置。不意，兩天後，民進黨宣布正式組黨，予執政黨當局帶來不小衝擊。不過，執政黨在迅速研擬對策之後，決定採寬容應對之策，不立卽採箝制行動。

九月三十日，執政黨中央政策會副秘書梁肅戎等三位溝通代表，與居間協調黨內外政治溝通的陶百川等四名中介人士會晤後，發表三點聲明：「一、本黨蔣主席及中央一再宣示：爲了達成社會和諧，貫徹民主憲政，誠心誠意與無黨籍人士進行溝通，謀求共識；此一基本政策，迄今並無改變。二、爲了貫徹上述政策，我們鄭重聲明，無黨籍人士任何違法及激烈的行動，作爲破壞手段，必將導致社會秩序的動盪不寧，有礙民主憲政的建設，故望絕勿輕易嘗試，且不能對政府維護法治的決心有所誤解；三、關於無黨籍人士宣布成立『民主進步黨』一事，中介溝通人士陶百川、胡佛、楊國樞及李鴻禧四位先生建議應一本和諧安定主旨，儘量進行溝通，以促進民主憲政。我們同意，如無黨籍人士此一組黨行爲，祇停留在籌備階段，當將四位中介人士的建議，轉達有關單位。」

執政黨的聲明發表後，民進黨也發表聲明呼應，發言人尤清發表三點聲明如下「一、本黨歡迎有誠意的溝通；二、本黨希望政府行使公權力應依據憲法，不要濫用；三、本黨堅持組黨自由的合憲權利，我們願與各政黨公平競爭，共同推動民主憲政。」自此，拖延近五個月的溝通，此時又有復活的跡象，中介學者也開始奔走於雙方，希望能促成第三次溝通的進行。

在民進黨正式成立的一週之後——十月五日——國民黨主席蔣經國於該黨中常會中表示：「時代在變，環境在變，潮流也在變。因應這些變遷，執政黨必須以新的觀念、新的作法，在民主憲政的基礎上，推動革新措施。唯有如此，才能與時代潮流相結合，才能和民衆永遠在一起。」這是一段歷史性的談話。兩天後——十月七日——他又在接見前來訪問的《華盛頓郵報》董事長葛蘭姆女士時表示：政府將儘速取消戒嚴；但任何新黨都必須遵守憲法，支持反共基本國策，並與臺獨運動劃清界限。八日，蔣氏又在國民黨中常會中指出：國家遭逢艱難，我們需要冷靜、堅定、沉着；或許有人認爲政府處理某些問題顯得軟弱，但我們不能輕重倒置，必須堅忍圖成。蔣氏這些談話，顯示出他主導下的執政黨，有意朝開放的途徑邁進。這對新黨的發展，以及臺灣政局的穩定發展是一大可喜的訊息。

十月十五日，執政黨中央常會一致通過兩項政治革新方案：一、戒嚴令即將解決；二、修改「非常時期人民團體組織法」。兩者明示執政黨當局對於新黨採取開放寬忍的態度。在這種氣氛之下，民進黨的工作小組繼續進行他們的組黨工作——

十月二十日，民進黨召開第五次工作會議，會中通過黨章以及吸收黨員方式，並同意未來採取集體領導制，準備於十一月十日召開第一次全國代表大會。執政黨雖然對組黨採開放態度，但仍希望在「人民團體組織法」完成修正前，新黨暫時停留在籌備階段，不要舉行全國代表大會。十月二十四日，溝通的中介者分別聯繫黨內外代表，希望民主進步黨在大選後再召開全國代表大會，但未獲民進黨工作小組的同意，由於選舉逼近，民進黨的建黨行動如能神活展現，顯然有利於選戰宣傳，因此民進黨在選前召開全國代表大會之意已堅。質是，醞釀的第三次溝通，又告停頓。十月二十八日，陶百川、胡佛、李鴻禧、楊國樞四位中介學者在會晤民進黨人士之後發表兩點聲明，宣告第三次溝通延期舉行：一、近日來，我們從事實質的雙向溝通，特別着重黨禁開放問題，我們的意見主要有三：1.政治團體的開放應包括政黨在內，2.規範應具公平性，有關法制的修定，對各政治團體應一體適用，3.政黨活動的自由應予保障，有關法制應重原則性規定，不必作過多不必要的約束。我們的意見已向雙方表達。二、「民進黨」協調小組原建議於十一月第一週內與執政黨溝通，至於溝通的方式與內容，由中介人士進行磋商，連日來，我們曾與雙方商議溝通的議題，但到目前爲止，仍然無法作最後決定，現獲雙方同意，此次溝通延期舉行。

十一月十日，民主進步黨如期召開第一次全國代表大會，通過黨章、黨綱，並選舉主席及重要幹部。由年底不參加選舉的江鵬堅當選第一任主席，新黨至此完成形式與實質政黨的建黨工作。

（附載二）有感於陶百川之嘆

謝瑞智

很高興看到總統府國策顧問陶百川先生在報端發表「後人不及前人」的感嘆，這個事實也證明了，目前少數有意倡言組黨者，其作爲已經引起了公憤，連作爲中介學者的陶百川先生都已經對他們發出了不滿與指責的言辭！

正如陶先生所說的，今天政府已經決定開放黨禁，同意人民可以組織政黨，不過必須遵守三項先決條件，那就是：一、不得違反中華民國憲法。二、必須要堅持反共立場。三、必須要和臺獨劃清界限。

陶先生認爲這三個先決條件乃是爲了謀求國家在穩定中發展，換言之，這三個先決條件乃是國人應有的一個共識，祇要是有心爲國家好的人，都應該無條件的贊同這三個先決條件，這才是追求民主政治者應有的胸襟氣度。

可是國內這一些少數倡言組黨者的表現卻令人極其失望，他們直到現在還未曾明確的表示要履行這三項先決條件。

此種對國家安全發展及民主政治穩定進步毫無誠懇回應的態度，實在令人懷疑他們倡言「組黨」及參與「民主」政治的眞正用意到底是爲甚麼？由他們連這三項民主政治及國家安全最低要求都不願回應的作法，我們至少可以確定他們並非是爲國家、爲社會的整體利益，而極可能是爲了他們個人政治野心，甚至很可能是別有其他用心！

因此，難怪連身爲中介學者的陶百川先生都要忍不住的指責他們是：「至今仍有若干人回應遲疑，尚未明白表示接受，相形之下，今人的胸襟和氣度是不及前人了。」

我絕對贊同陶先生的意見，目前這些倡言組黨者的胸襟氣度不但不及前人，而且我更要指出他們既然有意參與政治卻連最基本的政治運作規則都不願回應接受，何止胸襟氣度不足，甚至連基本的政治認知都沒有。

同時，我更想提出一點來討論，那就是陶先生將以往參加國民參政會的各黨派之「接納憲法草案」行動拿出來讚揚是有「胸襟」「氣度」，這種說法是否得當？

陶先生歷任國民參政會參政員先後達四屆之久，對參政會推動制定憲法之事，均親眼目睹。因此，對參加這個有「戰時國會」之譽的參政會各個黨派成員是否眞正的擁護國民黨提出的憲法草案，照理是比我們後學知道的清楚太多太多，對此事我們後學不應置喙才是。

不過，對陶先生所說：「當時有『戰時國會』之譽的參政會，成員包括國民黨、共產黨、青年黨、民社黨、救國會、第三黨、村治派和社會賢達，對於國民黨所提出的憲法草案均能接納，共同促成憲法及憲政早日實施。」我個人卻有一點小小意見不能已於言者，而必須提出來讓社會大衆知道，以免社會大衆誤以爲「共產黨」、「救國會」……之流也是「胸襟」、「氣度」遠勝今人的「前人」！

歷史事實告訴我們，共產黨及救國會、第三黨之類的各黨派雖然也曾參與過制憲參政會，表面上他們也贊同「推動憲政」，但實際行動在大陸上發動武裝叛變，摧毀憲法、破壞憲政的正是共產黨及其同路人、幫兇黨派！

歷史事實更告訴我們，祇有國民黨、青年黨、民社黨這三個政黨是自始至終都熱愛憲法、實施憲政。卽使在大陸變色，那種艱困的環境裏，國民黨及民、青兩黨從來不曾有過放棄憲政的念頭，不論如何顛沛造次，先總統　蔣公領導着國民黨、領導着政府，始終堅持實施憲政，而使我們經過三十多年來的努力成長，得有今天民主政治發展的輝煌成就。

因此，眞正應被稱譽的維護憲法、推動憲政者，祇有國民黨與民、青兩黨，其他共產黨及附共之尾巴黨派，已經由歷史事實證明了他們不但不是維護憲政者，反而是破壞憲政者。

我們還得指出，當年中共之所以要在參政會上表現出「接納憲法草案」的姿態，其實就是爲了要鬆弛國人對他們的警覺心，以爲中共也是要實施憲政的民主黨派。

等國人有了這個錯誤印象之後，中共就「理直氣壯」的要求實施「二黨制」；要求與國民黨組織「聯合政府」；要求「和談」「停火」，這一連串的統戰攻勢將大陸民心士氣整個擊垮，大陸也才因而淪陷。

有了這個歷史慘痛教訓的前車之鑑，我們怎能再相信表面擁護、實質破壞憲政的共產黨徒之流的話！

更何況有若干人連「擁護憲法」、「堅決反共」、「絕不搞臺獨」的承諾都不肯說，對這種人的民主誠意，我們還能相信嗎？

（附載三）再開溝通之路

《中華》雜誌

從黨內外第一次「溝通」以來，我們一直是熱烈贊成，望其有成的，但樂觀中帶着相當的審愼。所以，在六月號的「短評」中說：「我們希望這次的『溝通』能夠成功，切莫蹈一九七九年的覆轍，『溝通』的結果竟是『高雄事件』。」

但是，不幸的是，「溝通」之後，接連着一些黨外人士被判入獄，蓬萊島案、鄭南榕案、顏錦福案、林正杰案，接着在審理的還有周伯倫案。其實蓬萊島案判決之後，「溝通」就停滯難行了，不過，我們還是爲從事「溝通」的陶百川先生打氣，在七月號《中華》上，我們說：「希望他（陶百川）不要氣餒，而能繼續擔負『溝通』的責任，誰叫我們生活在一個還要促進民主憲政的時代，而不是在民主憲政的時代。」

八月六日，新聞局長張京育又重申，黨外「公政會」爲「非法組織」，要「依法處理」，所以，我們在九月號中又說：「爲了臺灣內部的政治和諧，我們是眞正期望黨內外溝通的。但要達成眞正政治和諧的溝通，黨內外均必須首先將對方視爲一民主政治的競爭對手，而不是先假定對方爲『非法組織』。」

但九月三日，林正杰案宣判後，陶百川等中介人士已感到「溝通」在目前已更不可能了，而希望林案能上訴，林本人宣佈不上訴，而希望檢察官或原告胡益壽上訴，能把對峙氣氛緩和（陶先生尤其看重不可開以議會言論治罪的惡例），而有九月十六日中介人士與黨方代表之餐敍，然終於未能達成林案上訴而獲得蘇解的機會。於是，十九日黨外集會並提出了有關「溝通」的四點聲明：

——黨外基於追求民主憲政之熱忱，對眞正有誠意之溝通一向贊成。

——自五月十日溝通以來，執政黨在立法院議事規則之修改、政論雜誌之查禁及政治案件之處理上，再三破壞溝通環境，造成衝突升高，應負溝通中斷之責。

——如願繼續溝通，執政黨應對在獄之政治犯及在案之政治案件誠意解決。

——溝通方式應透過電視公開進行。

林案嚴重破壞「溝通」是海內外之共同見解，《中央社》華盛頓九月十八日時電報導許倬雲表示，「在選舉以前的較爲緊張時刻，發生了林正杰的案子，是一個『突發』的不幸事件。」另外，「余英時與丘宏達都認爲，法院對林正杰案的判決，值得再多作考慮。」

在黨外人士看，如果國民黨眞有誠意與黨外溝通，以求臺灣的政治和諧，又何至於在三個月內連續「密集安打」的以高度政治性敏感的案件判決六名黨外人入獄，甚至包括黨外八「溝通」名單中的黃天福。但是，黨外發現「上當」之後擺出的高姿勢，國民黨能接受嗎？這是渴望臺灣安定詳和的國民深感憂慮的。

也有人認爲，從前南菁書院有一信條：「實事求是，不作調人。」「溝通」既已失敗了，就不必再溝通了。

不過，我們以爲，南菁書院的信條是就學問而言，不是就政治而言。民主政治就是溝通政治。不溝通，最後就是武鬥。馬歇爾可以放棄調解，一走了之。希望陶先生等繼續爲臺灣的政治和諧而努力外，我們也希望國民黨能充分表示更大的誠意。

因爲國民黨是執政黨，因臺灣之不安而吃虧的固然是老百姓，國民黨亦將是受害最大的集團。

（附載四）朝野兩黨應建立穩固的協商模式

《中國時報》

國民黨和民進黨之間有關憲政改革問題的溝通，經過一波三折後，於前天晚上恢復，雙方並達成兩點共識，一是認爲憲政改革須尊重國是會議多數意見結論，一是兩黨都希望憲政改革成功，爲國家開創光明前途。這兩項共識雖然祇是抽象原則，而非具體的實質內容，但朝野兩大政黨之間終於化解對峙僵局，恢復協調溝通，畢竟已對兩黨良性互動關係的重建奠立新的基石。

政黨協商模式的逐步建立，可說是近年來國內政治發展的一項成就。政黨協商具有兩個積極作用：第一、有助於維護政局的安定。國內政局不安的主要原因是朝野兩大黨對國家目標與憲政改革的幅度與速度歧見太大，而政黨競爭每易淪爲示威羣衆與治安人員街頭的對峙，政局不安不僅危害國家形象，而且造成資金與人才外流，削弱國力至鉅，而欲完全消弭政局不安，必須依賴憲政改革大功告成，兩黨協商則爲改革完成前減少朝野齟齬，排除誤解，使對抗頻率降低的必要手段。

第二、有利於矯正體制運作的弱點。我國當前政治體制的最大弱點在於國會中席次分配不能充分反映民意，由於資深民代人數仍多，由選舉中獲票率超過四分之一的反對黨僅占國會席次的十分之一左右，確是一大缺憾。這個現象祇有在資深民代全額退職後才能匡正。而體制代表性不足的缺失祇有藉朝野加強溝通，使在野黨得以參與決策，此必須仰賴制度化的兩黨協商。兩黨協商固然具有積極的功能，然而，協商之目的應是民主政制的確立與政治改革的徹底實施，故兩黨絕對不能以協商爲名，作政治權力之分贓，或無視第三者——即不屬兩黨之民衆——的利益。

我國政黨協商模式過去兩年來逐漸建立，尤其是立院中黨團間定期溝通，曾消弭不少一觸即發的危機，或使對抗態勢趨於和緩，而立院外的協商程序，在國是會議中表現得圓融成熟，假以時日，此種模式必然會產生良性結果。儘管兩黨協商中的一些表現曾被人視爲有政治分贓之嫌，但情形並不嚴重，至少無損於兩黨協商所達成的積極效益。

然而，國是會議以後，政黨協商模式不僅未能進一步發展，甚且有倒退之虞，最近兩黨關係甚至陷入低潮，從憲政改革之規劃、國家統一委員會之組成，以至海峽交流基金會引發之種種紛擾，都挫傷了兩黨間的關係。尤其是憲政改革的規劃，因已由執政黨全權負責，參與國是會議的在野政黨與其他人士悉數摒除在外，這種作業方式自然嚴重影響政黨間的關係，也使其他事務上政黨協商平添困難。此外，國統會組成之初，執政黨曾邀請民進黨人士參與，但民進黨內若干人士對該會名稱頗有異議，在要求改名未成後，乃拒絕參加，祇有康寧祥以個人名義擔任該會委員。後來，海峽交流基金會雖爲民進黨保留董事名額一名，邀其參加，但民進黨則因不滿名額太少，而已表示拒絕之意。

兩黨協商模式淪於萎縮，其原因不難理解。第一個原因是兩黨內部意見不一，黨內整合的需要往往妨礙兩黨關係的改善，而使政黨協商不易成功。就國民黨而言，其獨力承擔憲改規劃，是由於內部保守勢力不能容忍民進黨參與，尤其擔心新潮流系利用憲改推動制憲運動。就民進黨方面言，其拒絕參加國統會主要也是因爲新潮流系排斥該會所設定的目標。第二個原因是兩黨互信薄弱。例如，執政黨籌組國統會與海峽交流基金會均採閉門作業，未與在野政黨磋商，待木已成舟，再保留少數名額給在野黨。民進黨秘書長認爲這種作法的用意是在分化民進黨，而不在於提供兩黨協商的機會。我們雖缺乏足夠證據認爲執政黨之用意確實如此，但其作風難免使民進黨有此強烈反應。

政黨協商停頓一段時期後，兩黨若干負責人士爲遏止情勢繼續惡化，乃勉力恢復兩黨協商，這是令人欣慰的發展。目前執政黨已決定就憲政改革問題與在野黨人士廣泛交換意見，而海峽交流基金會成員名額問題猶未定案，雙方商談之門依然敞開。我們深盼政黨協商能早日成爲固定的模式，不致因偶發事件而萎縮。

兩黨高層若能建立良好的溝通管道，經常就政治體制、重大法案和互動關係等議題交換意見，產生共識，可爲政治和諧及民主發展帶來積極助益。而欲使政黨協商產生良好效果，兩黨都應抗拒黨內極端份子的壓力，在已有的共識基礎上，增強互信。就目前而言，最迫切的是執政黨在海峽交流基金會名額上，酌量增加民進黨成員，但民進黨也不宜要求過多名額，因爲該會畢竟屬於功能性組織，不能純然當作政治組織。

我們相信，祇要兩黨負責人士都能以國家人民爲重，展現協調的誠意，則建立暢通的溝通管道與協商模式應屬輕而易舉。

七十九年十一月三十日

(附載五)「四一七」後朝野應該加強溝通

《聯合報》社論

國民黨與民進黨代表昨日深夜進行溝通，就憲改方案達成若干協議，民進黨因此解散抗爭羣衆，深受國人矚目的「四、一七」羣衆運動暫時告一段落。

民進黨退出議會，發動大規模抗爭活動，訴求主題，除了反對由老代表參加修憲之外，主要抗議國民黨所提出的憲法增修條文，含有實質修憲的內容。執政黨提出一機構兩階段修憲方案，先由國大臨時會負責第一階段修憲，再由今年底選出的第二屆國大，負責實質修憲。執政黨的憲法增修條文，主要內容包括第二屆中央民代的法源與名額，以及因應終止動員戡亂時期廢除臨時條款之後所產生法律眞空問題。由於老代表參與修憲，的確與國是會議的共識牴觸，因此執政黨強調此次國大臨時會僅是程序與技術的修憲，實質修憲留待第二屆國大決定。

民進黨則認爲憲法增修條文之中，已含有實質修憲內容，其中以總統的緊急命令權以及國安會、國安局、行政院人事行政局的列入，最受爭議。執政黨強調總統緊急命令權不能中斷，國安會等機構也不能因爲臨時條款廢除而立卽停止運作。民進黨如有不同意見，可以在第二屆國大臨時會時再提出修改建議。民進黨則要求總統緊急命令權、國安會等機構法源應有時間限制，俟第二屆國大臨時會再決定存廢或隸屬。民進黨質疑如果依照國民黨所提增修條文通過，民進黨除非在第二屆國大掌握四分之三席次，否則不可能變更這些條文。

自國是會議之後，執政黨自行成立黨內憲改小組，雖然憲改小組曾與民進黨進行溝通，可是整個第一階段的修憲工作顯然均由執政黨主控，朝野政黨本來互信程度已經不高，加上缺乏制度化溝通，乃造成民進黨退出議會發動羣衆抗爭，執政黨表示不了解民進黨究竟抗爭何事的現象。所幸兩黨均能克制，執政黨繼續加強溝通，並約束警力不強制驅散羣衆遊行，民進黨也掌握分寸，遊行活動未有失控現象發生，兩黨高階層並於昨日凌晨從事緊急會商，發表聯合聲明，將國安會等三機構的存續的限時日落條款，列入憲法增修條文，資深國大代表則在年底前全部退職，民進黨也宣佈解散遊行隊伍。

朝野兩黨經此協商，第一階段修憲應能順利進行。可是第二階段實質修憲，工程更爲浩大，朝野兩黨有必要早日進行溝通。第二屆國代名額三二七名，加上第一屆增額國代七九名，總計超過四百名以上。四百多名國代共聚一堂磋商修憲工作，除非有良好的政黨運作，否則無法達成共識。我國修憲程序必須三分之二代表出席，四分之三同意，憲法此種規定乃是爲了使憲政的共識基礎深厚。憲法是國家的根本大法，必須有全民共識，不是一黨一派的意旨。爲了使明年第二屆國大臨時會如期完成修憲工作，可以考慮在國大臨時會之後，由總統召集成立超黨派的憲改小組，負責第二階段實質修憲規劃工作，小組成員包括國民黨、民進黨、無黨籍代表及相關學者專家。經由小組的召集，使朝野兩黨有制度化溝通管道，爲第二階段憲改共識奠定基礎。

朝野兩黨除了針對憲改工作進行溝通之外，對於議會政治的課題，也有必要展開協商。民進黨此次退出議會，除了抗議修憲問題之外，與議會路線的受挫折也有關聯。國內議會政治的脫序，民進黨必須負部分責任，例如民進黨議員過度程序抗爭，甚至肢體對抗，均難辭其咎。可是國會結構不合理，兩黨議會黨團溝通大有問題，也是主因。國會結構將因老代表年底退職而逐漸合理化，老代表的退職也有助於兩黨的議會黨團溝通。可是國會結構合理化之後，並不保證議會政治馬上步入正軌，兩黨的議會黨團的互動型態，應是議會政治成敗的關鍵因素。議會民主必須多數尊重少數，少數服從多數，民進黨居於少數，不能無理抗爭，必須有服從多數的胸襟。執政黨居於多數，對於少數的合理建議，也應該酌量採納，不能完全漠視少數意見。國民黨立委黨團的自主性不夠，黨內重大政策不少係用行政部門及黨務部門決定，立委黨團祇負責傳話工作，此種溝通模式，效果必然不彰。國民黨的議會黨團應該獲得較大的授權，有關國會事務，能夠與在野黨充分溝通，並具體承諾。至於國會事務之外的問題，朝野兩黨的中央黨部，應該定期性與制度性溝通。

由此次憲改問題所引發的朝野對峙，顯示兩黨的溝通不健全，爲了使未來民主憲政順利推動，國會議事順暢進行，朝野兩黨必須加強溝通，不可辜負全民的期待。

八十年四月十九日

(附載六)從「陶百川先生傷心」說起

袁作來

陶百川先生傷心了。

陶先生感到傷心的原因是「盡心竭力而無補於事」。

陶先生等以其公忠謀國之赤誠，追求政治更民主、再革新的苦心，乃以中介人士的身分，斡旋於中國國民黨與所謂「無黨籍民主人士」之間。方此時也，陶先生等一方面鼓勵中國國民黨以開明的態度，開闊的心胸，革新的理念，來迎接當前多元化的外在環境的挑戰，一方面也鼓舞所謂「無黨籍人士」致力於民主政治的創造。在此期間，陶先生等諸君的辛勞是可以想見的，而其任勞任怨的精神更令人敬佩。

所謂「民主進步黨」終於「順利」產生了。

但是，陶先生終於傷心了。

「溝通挫折，我心欲碎」

此二件事前後相距不及二個月，時差爲何如此短促？陶先生眼見「民主進步黨」的產生，爲何會立卽感到傷心呢？依照陶先生的說法，乃因「無黨籍人士」不顧一切，於九月二十八日宣布成立新黨，而致「溝通挫折，我心欲碎」。

陶先生在〈溝通中介感言〉一文中對執政黨在蔣主席領導之下，對於「無黨籍人士」所作的容忍、讓步給予很高的、很好的評價；對「無黨籍人士」一再的進逼，雖未正式表示不滿，但卻有無可奈何、無能爲力之感，終因「無黨籍人士」的「索性一不做二不休」而致「我心欲碎」了。

筆者不敏、不敬，欲對陶先生諸君說：「你們遇人不淑，所託非人」。

可謂遇人不淑所託非人

近十年來，國內的民主政治運動已由對立而升高至敵對的態勢，甚至發展到「親痛仇快」的程度。部分所謂「無黨籍人士」的言論和行動已不是正常的理性行爲，而是以仇恨爲出發點，以暴力爲手段，以毀滅爲目標，對法律、對政府、對執政黨隨時擺出一副挑戰的姿態。

但是，醉心於民主政治運動的人士似乎失察於一個變化，那就是：當前的民主政治運動的本質已不同於以前的民主政治運動，以前的民主政治運動是純正的、理性的，而當前的民主政治運動是複雜的、暴力的，其中更摻雜了一些外來的因素。而諸位醉心於民主政治運動的人士誤認當前所謂「無黨籍人士」乃是以民主爲職志，以革新爲己任的眞正民主人士，以爲唯有這一批人士組成政黨，才可制衡中國國民黨，才可使政治更民主、更革新，才可使他們追求的民主政治得以實現，乃全力給予支持，給予鼓舞，而對執政黨則一再要求容忍、退讓。

結果如何呢？請從他們這批「民主進步」人士最近的言行來診斷他們的本質，從他們的主張、他們的理念、他們的羣衆，來評估他們，再靜心地想一下：他們這一批「民主進步」人士能夠爲我們社會大衆帶來安全幸福嗎？能夠爲我們國家帶來民主進步嗎？

無法給大衆一個安全感

一位政治人士或一個政治性社團必須要給社會大衆一個安全感，或者是免於恐懼的感覺，這是一個最起碼、但卻是很重要的一點。如果他或它不能滿足社會大衆此一最基本的需求，他或它就已經對社會大衆帶來了危險感。

「無法無天」又談何理性

試觀陶先生對「民主進步黨」的評估是：「先天不足，後天失調」，「外打冷戰，內陷冷和」，亟待一位「大政治家導之以法治理性，勉之以正大光明」，並「預祝它好自爲之，不負衆望」。陶先生特別對「民主進步」人士強調「大政治家」、「法治理性」及「正大光明」，換言之，在陶先生的眼中，該等「民主進步」人士目前正缺乏一位大政治家，也缺乏法治理性和正大光明，但陶先生仍基於最初的「了解」，一本初衷的「期望」，仍對他們給予一番的「預祝」。謹試就陶先生所提三項要素作一可行性評估於後：

一、大政治家：一位大政治家的產生，除了先天的稟賦之外，還須有後天的學習和歷練，才能有崇高的理想、偉大的胸襟、遠大的見解，以及領袖羣雄的統御能力；觀乎該等「民主進步」人士，祇知以謾駡爲能事，爲反對而反對，稱之爲「政客」尚嫌過分抬舉，更何能有一「大政治家」？

二、法治理性：該等人士及其成員有無法治理性的理念和認識，證之以前及最近的許多言論和行動，毋庸筆者贅言了。

三、正大光明：「正大光明」一辭應用之於具有正當之言行，該等人士所表現的謾駡、詆譭、橫行、焚燒中國國民黨黨旗……等等言行，在在都表示其醜惡的本質，何能望其有「正大光明」的心胸？

四、另以其所提出的主張而言，既不尊重現行憲政體制，又不與中共和「臺獨」明確劃清界限，再證諸彼等在此選舉期間之言行，實已越出一個正常人士應有之忠誠立場，更遑論一個以「民主進步」自命的政治性人物及社團。

認清本質勿再上當傷心

如果筆者上述粗淺的評估「雖不中，亦不遠矣」的話，則陶先生等對他們這批「民主進步」人物的期望和預祝，恐將更使陶先生等更傷心了。

如果陶先生等對他們的本質仍無法進一步認清而仍對這批蔑視憲政、破壞法治、否定國家，帶給社會不安和危險的人物給予殷切的期望的話，我們大家都會感到傷心了。

（附載七）促進社會的安定最佳良策

郭仁孚

最近部分無黨籍政治人士將法院對「蓬萊島案」及「林正杰案」之司法判決，視爲司法受政治干涉的「政治審判」，因此不循法律上的補救途徑上訴或請願，而改採走上街頭的手段，發動一連串「坐監惜別會」，「告別市民演說會」，及一些街頭遊行示威等羣衆運動，向公權力挑戰，引起各界深切的關切與憂慮。

針對當前情勢，行政院院長俞國華除於本月二十三日向立法院提出施政報告時，強調政府在非常時期維護「國家安全」，「社會安定」，及「人民安康」的「三安」政策的決心外；復於二十六日答覆立委質詢時，特別聲明政府尊重司法獨立審判，絕無背後操縱司法之情事；並特別強調人民雖有請願之自由，但政府不能容忍向公權力挑戰，影響社會安定的街頭聚衆遊行示威。

激進不能解決問題

兪院長所強調的國家安全、社會安定、及人民安康的「三安」政策固然合於國家、社會與人民的利益；而兪院長所特別強調的社會安定，更是政府貫徹「三安」政策的當務之急與重點所在，最合於當前社會大衆的迫切需要。當然，政府之施政絕不能以求安定爲滿足，尚必須兼顧革新與進步。事實上，在注重「三安」以外，執政黨已開始積極認眞研議各種政治革新方案。部分無黨籍政治人士在此關鍵時刻，發動羣衆運動向公權力挑戰，平實而論，不僅不能加速執政黨推動政治革新；由於事關社會安定，反會使執政黨因顧全整體而不能放手爲之，因而可能延緩政治革新的步伐。

大多數人渴求安定

近年來，部分無黨籍政治人士所辦的雜誌，把中華民國政府看成就是執政的國民黨，並將國民黨任職政府高級官員的從政黨員，一律予以醜化，其目的自不能排除蓄意影響國民黨執政在道德上的正當基礎，使失去人民公信的維持社會秩序的權威與能力。最近無黨籍政治人士的這些雜誌，更且進一步鼓吹「爲反對而反對到底」、「革命無罪，造反有理」、「民主要用鮮血換來」、「組織敢死隊——衝鋒」等偏激言論。這種偏激言論自非「忠誠反對者」的異議，而是在煽動人民對執政黨產生情緒反應。

關於羣衆運動，目前無黨籍政治人士中的激進派與溫和派合流，競走激進路線後，所發動的各種羣衆運動中，除了「坐監惜別會」，「告別市民演講會」，及一些街頭遊行示威外，還有「促進組黨說明會」。或許諸如此類各種名目的羣衆運動，其最後目的都可以說是想造成聲勢，迫使政府准許他們組黨。這種策略其實並不高明，因爲靠羣衆運動來組黨，實際上就是企圖利用一些激情及非理性的口號，將少數不正常羣衆在個人生活上所受挫折的一些不滿情緒，轉移至國民黨的「黨禁」政策及「戒嚴體制」的頭上，造成傳染性的社會不安。但發動羣衆運動的無黨籍政治人士曾否想到注重社會安定的政府與珍惜社會安定的大多數正常人民，對於動盪不安的社會是何種的想法與作法？可以想像得到一個有能力的政府絕不會屈服於任何途徑的政治勒索！可以想像得到渴望安定的大多數人民亦期盼政府能對影響安定的異議團體有所約制！在這種情勢之下，無黨籍政治人士所渴望的新黨能夠產生嗎？爲無黨籍政治人士計，和執政黨誠心誠意的溝通協商，才是最佳的良策。當然這也是政府徹底達成社會安定的最佳途徑。

不可輕言放棄溝通

無黨籍政治人士迄今爲止，尙非一整體性的健全政治組織。從政治利益上講，其中派系山頭林立，互不相讓；但從發展路線而言，則一直祇有溫和議會路線與激進羣衆路線兩條路線之爭。

由於今年年底中央民意代表增額選舉之故，溫和派爲了避免重蹈被激進派刊物批鬥因而在選舉中慘敗的覆轍，最近改走激進路線，而且愈走愈激進，較之激進派已無分別。這亦應是自今年五月十日開始的執政黨與無黨籍政治人士的「政治溝通」，首次雖尙有成，但最後卻不能成功的主要因素之一。

截至目前爲止，第三次上述「政治溝通」尙處於延期而無法恢復的僵局之中。溝通雖尙未達成其目的，但執政黨與無黨籍政治人士雙方都不可輕言放棄，因爲除非不談民主政治則已，否則便必須依賴溝通以解決彼此之間的爭端，至少緩和雙方正面針鋒相對的衝突。民主的溝通的本質是雙方互尊與互讓的妥協，儘管無黨籍政治人士中的激進派和執政黨的保守勢力，均不約而同的反對妥協性的溝通，所幸執政黨最高決策當局一直堅持溝通政策，並不關閉溝通的大門。目前無黨籍政治人士把一些司法判決說成是「政治審判」，而將溝通失敗的責任完全推在國民黨的頭上，似乎有欠公允。當然，執政黨也並非毫無責任可言。不過執政黨所負的責任，不在於缺乏溝通的誠意，而在於對變化中形勢的反應，稍嫌慢了一點。

國民黨治理臺灣三十幾年以來，對於國家安全，社會安定及人民安康之維護，不遺餘力，其在過去的貢獻有目共睹，不容否認。但形勢在變，隨着社會日趨多元化、人民教育水準提高，以及政治參與慾望增強的結果，在過去曾有效達成「三安」政策而是社會安定因素的戒嚴體制，如今反而變成不僅不能有效達成「三安」政策，而且似乎尙成爲有助於社會不安的因素之一。因爲在戒嚴體制之中，執政黨與無黨籍政治人士和平及公平政治競爭的正常軌道，始終無法建立起來。就社會經濟及人才各方面政治資源均遠不如國民黨的後者來說，沒有公平競賽規則讓雙方共同遵守，確實是心有不甘而難於接受的事實。也就是此一事實使無黨籍政治人士中的反對勢力能獲得一部分民衆的同情與支持。

幫助溫和勢力擡頭

執政黨最高當局現已開始覺察出形勢的變化，深知唯有政治革新，才能適應時代的變遷與挑戰，並且消除存在的不安因素，徹底達成社會的安定。「中常會十二人小組」研議六大政治革新方案，便是政治革新的開端。研議的結果如何，迄今祇有傳聞，尚未見正式公佈。如果在正式公布之前，執政黨能將其內容帶至恢復溝通後的議程中，和無黨籍政治人士坦誠交換意見，獲致共識後，再付諸實施，必將有助於後者走議會路線的溫和理性勢力的擡頭，及走羣衆路線的激進非理性勢力的沒落。祇有在執政黨和理性的無黨籍政治人士既誠心的合作，又公平的競爭的形勢之下，俞院長所特別強調的社會安定才能徹底的實現。

（附載八）與「無黨籍人士」溝通的隱憂

蕭行易

民主講求折衷、政治崇尚折衷、民主政治可說是係一種折衷（折衝以求其次）藝術。

前言：誠意溝通紓緩對峙

民主國家中，政治團體間，由於利益與見解歧異，藉溝通以消除政治爭議、化解政治歧見，緩和對峙氣氛、降低對峙態勢，較爲有效。其適當途徑應爲：

一、理性態度：在溝通過程中，參與溝通者必須具有維護「國家利益、國民福祉」爲前提的胸襟，以理性與誠信爲基礎，不自以爲是，固執本位。

二、尊重立場：溝通不是藉機片面傳達訊息，然後各持己見，也不是重申既定立場，然後各行其是；必須在相互尊重立場原則下，以澄清疑慮、解決問題爲取向。

三、彈性方法：強硬態度不是解決問題方法。一方寬容節制，誠心迴避政治趨於兩極化，一方貪功躁進，企圖擺高姿態進行政治勒索，必然阻撓溝通管道、破壞磋商模式、加重政治摩擦、加深政治對峙。

四、謀求實效：突破爭議焦點、化解政治糾結，避免爭端激烈化，有賴雙方信守協議、眞誠回應，才能縮小認知與共識差距，保證實效達成。

政治溝通係基於政治現實考慮，面對問題，尋求解決之道。所以，溝通必須達成實效，才構成實質意義。

以溝通方式打開政治對峙僵局是政治運作手段，達成具體可行協議，解決政治爭議，促進政治和諧才是目的。

反對勢力，未成氣候

在開發中國家，經濟發展常是政治穩定基石，實施一黨優勢制度，較能維持政治穩定。三十餘年來，我國臺灣地區已發展至「均富」階段，社會結構與價值取向變遷趨向複雜而多元化，國民參政意願較高，擴大政治參與管道，改革政治制度（結構）需求，漸趨明顯。

早年，臺灣地區反對勢力偶或有之，但由於發展條件未臻成熟階段，所以多未能形成氣候。嗣後：

一、「公政會」成立：民國七十三年五月二十一日，有費希平等十七位無黨籍民意代表，以聯繫無黨籍公職人員、研究公共政策爲宗旨，假臺大校友會館，成立「黨外公共政策研究會」。

二、未依法「登記」：該會成立以來，未曾依「非常時期人民團體組織法」，向政府主管機構申請設立登記，卻儼然以合法政治社團姿態出現。

三、從事「輔選」活動：民國七十四年底，地方公職人員選舉，「公政會」公然推薦候選人，組織「後援會」，使用統一標誌及政見，從事輔選活動。

「公政會」爲無黨籍現職或卸任公職人員固定組織，係同性質組織中，最具代表性主導團體；選舉期間統合協調無黨籍候選人爭議，爭取選票；平日則以批評、指摘政治體制與公共政策爲要務。

執政當局，相忍爲國

作爲執政黨的中國國民黨秉持「促進政治和諧，保障民衆福祉，維護社會安定」一貫政策，從中斡旋接觸，於民國七十三年十一月，促成政府主管機構未依法嚴格執行取締「公政會」組織，使其得以非法存在迄今。

民國七十四年底，執政黨再度促成政府主管機構，寬容無黨籍公職候選人明載「公政會」資歷於「選舉公報」中。

今年四月二十六日，「公政會」召開會員大會，決議成立「地方分會」。

五月七日，執政黨主席蔣總統經國先生在主持黨中央常會時，提示中央政策委員會：「把握民主憲政原則，在尊重法治基礎上，……應本着誠心誠意，加強與社會各方面人士進行意見溝通。」

第一次「溝通」餐敍，於五月十日中午，假臺北市來來大飯店舉行。

由國策顧問陶百川及臺大教授胡佛、楊國樞、李鴻禧具名邀請政策會副秘書長梁肅戎、蕭天讚、黃光平及「公政會」理事長尤淸，秘書長謝長廷，理事張俊雄、游錫堃，成員江鵬堅、康寧祥、黃天福，前理事長費希平參加。

參加人士對共同關切問題，達成三點結論：

一、對中華民國憲法的實施都具有共識，至於如何積極推動民主憲政，仍有待繼續磋商。

二、對「公政會」與分會的成立都表示同意，至於對「登記」及「名稱」問題，仍有不同意見，有待進一步磋商。

三、一致同意，在磋商期間共同爲政治的和諧而努力。

「黨外」成員．意見分歧

「溝通」餐敍係在協調學者安排下，由執政黨參與決策之政策會三位副秘書長，與無黨籍「公政會」八位代表，以正式、公開方式進行，本應達成實質協議才對，但由於：

一、黨外組織複雜：無黨籍勢力團體除「公政會」外，尙有由新生代組成之「黨外編輯作家聯誼會」，及「次級」、「族系」團體等。

二、缺乏可資代表：無黨籍所有團體各自爲政，無可資代表之形式；卽使「公政會」內部，亦派系林立，爲「權」、「利」爭執劇烈，相互攻訐。

三、成員蓄意杯葛：無黨籍各團體間及「公政會」成員對當前政治形勢認知不同，對溝通評價互異，對應否參與「溝通」，意見相持不下。

所以，受邀與會之「公政會」代表，表面上層次高、具代表性，實質上，發言與決策權有限。他如：

一、明哲保身者：在「溝通」過程中，儘量訴說苦衷、困境，不擅自作任何重大決定，以免事後被指摘有「放水、投降」之嫌，而無法向「公政會」及所有無黨籍人士交代。

二、確保形象者：採取相應於「黨外」態度與不妥協性，拒絕對執政黨作任何回應，取而不予最能擴大政治收穫，以確保個人政治形象，爲年底增額中央公職人員選舉參選舖路。

是以，與會「公政會」代表再三強調，係以個人身分受邀，不代表「黨外」全體。

政通人和溝通為先

關於赦放政治犯的兩封信

覆國際大赦委員會美國分會的信

哈律遜教授：

五月二十七日接到你五月二十日惠函，爲吾國政治犯（在我國法律上叫做叛亂犯）作特赦的呼籲，我頗有同感，立即函呈蔣總統建議在立法院討論中的減刑條例草案中增加一款，對政治犯亦得減刑和赦免。我在建議中指出這是基於你的呼籲。昨日消息，總統已將四十一名政治犯予以減刑，其中三十五名已於今日恢復自由，包括你信中所提到的陳玉璽君在內。這是一個好的開始。除了有暴亂的行動或主張以暴力推翻政府者應予以懲罰外，我將繼續呼籲並期待政府能對你所說的「良心犯」予以寬容和疏導，而不立即採取嚴刑峻法去對付。我也希望，像你所告訴我們的，「釋放或代之以監視這些良心犯，在這中美關係愈益脆弱的時代，將會在美國獲致更多的好感。……中華民國將會獲得更多的支持，假使她改良對付反對者的記錄」。

謝謝你對我們的關切。希望你繼續指教。

中華民國監察委員　陶百川
六十年十月二十五日

給國防部的信

百川邇來迭接國際大赦委員會西德支部等來函呼籲釋放被拘之一部分「政治犯」（叛亂犯），曾將該項來函陸續送院處理。其中三案曾奉院派百川與張委員會同調查。頃閱《小世界》週刊報導「部分政治犯可望獲減刑，傳已有若干人恢復自由」。（原文印附）聞總統本早有此指示，故此項消息當係可靠。玆檢附該刊複印本，請函國防部抄寄該項名單以及減刑辦法，以供參考，以便考慮答覆德方來函，藉利對外宣傳。此致

（監察院）秘書處

陶百川
六十一年十月二十七日

樂觀康寧祥能當選

春男筱峯吾兄：

前承勞駕，暢談選舉問題和康寧祥先生的競選形勢，得益很多。

政府辦理選舉，號召「三公」——公開公平和公正，甚善甚美。但弟私下加了第四公——公道。

依據與孔子同時和爭鳴的老子，公道就是天道。因爲老子說：「天之道，其猶張弓乎？高者仰之，下者舉之，有餘者損之，不足者補之。天之道，損有餘而補不足。人之道則不然，損不足而奉有餘。孰能以有餘奉天下？惟有道者。」

其實不僅弟一人而已，政府也在講求選舉的公道或天道。例如政府有了足夠的資深代表，但它還在舉辦增額選舉，使住在自由地區的人民也能選舉代表，以問政、參政和執政。

其次，執政黨也重視公道或天道，因爲在臺北市立法委員八個名額中，執政黨空下一名禮讓給無黨籍人士。

這個名額，弟樂觀康寧祥先生能夠入選。因爲他有才又有識，能說又能幹，敢怒又敢忍，愛鄉又愛國，是一位卓越的政治人物。

尤有進者，康先生上次競選曾遭挫敗，這次捲土重來，志在必成。因爲以黨外政治資源那樣貧乏，而他自己的經濟情況又不很好，這次他如果再不當選，則黨外從此將失去一位領袖人物，那不是太可惜麼！

弟受黨紀拘束，不能爲他宣傳，頗感歉悵。好在「人民的眼睛是雪亮的」，我樂觀他會在選民的支持下旗開得勝，高票當選。

耑此順頌

撰祺並候康先生

弟陶百川敬啓

七十五年十一月十八日

假釋林正杰的意義

希平
寧祥兩兄：

有人昨來邀弟共同爲林正杰君謀假釋，謂林君刑期已執行過半，在獄行爲善良，已符假釋條件。

按政府年來忠厚寬大，對刑事之遠爲嚴重者，尚多惠予假釋，林君以言論獲咎，極應格外對其矜全。故假釋不獨爲林君應享之法益，亦爲社會公義之表現，弟自當樂觀其成。

友人並謂此事將請兩兄領銜進行。用特馳函：願符驥尾。

友人亦談及發動街頭抗議行動，弟已誡其切不可行，想兄等必有同感也。此頌

籌祺

弟陶百川敬啓

七十六年十月五日

彭郭兩公子出境問題

——致李璜先生函

幼椿先生尊右：

前在《民主潮》拜讀關於《中國人》所載「臺灣要更好」座談會紀錄之〈讀後感〉，謬承獎飾，殊感光寵。後經經世書局將其轉載於拙著《臺灣還能更好麼？》，該書聞已出版，回臺後當寄請指正。

前晤吳三連先生，知郭雨新先生公子出境遭遇困難，頗感愛莫能助。彼時彭明敏公子適正奉准來美觀光，向弟辭行（弟對彭府之被長期監管，曾請總統賜飭解除），則郭公子之出國自應更無問題矣。「寃家宜解不宜結」，尤不應禍延子孫，但願當局亦能有此了解及諒解耳。

弟來此已二十餘日，現住小女家中。伊在史旦福大學任教，此一號稱「西部哈佛」之著名學府，人文薈萃，弟能在此藏修，可謂得其所哉。大約再住一月，即往檀香山小兒家中逗留數日後回臺。

翰珍兄告知尊駕可能於秋季赴臺，不知已決定否？尊夫人健康想已康復矣。俱在念中。祇頌

著祺

六十九年七月二十五日

再關黃張二人還有什麼意義！

政府釋放姚嘉文後，與他同案的黃信介和張俊宏，情緒一直很不好，有人要求我前往軍監對他們表示關懷，以稍稍平復他們的悲憤。其實我有什麼力量，但就公義和私情來說都不忍堅拒。昨日（二月六日）乃與史旦福大學教授張富美女士、臺大鄭欽仁教授和黨外人權促進會陳永興會長三人同往探望。

軍監對他們待遇很好，兩人分房獨居，室內各有電視機和收音機。

黃對我單獨表示。政府領導老百姓，要用公權力和公信力，但更要靠公道力。如果不講公道，公信力必難產生，公權力更不能維持。他說，就以這次假釋而論，他們不能獲釋，就是不夠公道。

他又指出，至於他們兩人的心態，比較現在黨外那些年輕人是保守和溫和得太多了，政府不必對他們二人特別畏懼，而不講公道。那祇有增加不平和怨恨。

張俊宏對國家安全法與戒嚴法有關解嚴後是否准他們上訴的兩歧問題，較爲關切。

我請政府考慮繼續把他們兩人關下去還有什麼意義。

籲請政府垂聽三事

昨承蔣秘書長垂詢對於黃信介等八人被依叛亂罪起訴的意見，我說政府愼刑恤獄，都出於蔣總統的深仁厚澤，良用欽佩。但如果政府還想做得更好一點，似尙當注意下列三事：

一、原告（軍事檢察官）指控被告的重要事證，應請軍事法庭切實調查，聽任兩造暢所欲言。如黃信介交與洪誌良的臺幣五十萬元究竟如何使用？曾否購買魚苗？姚嘉文所收受的美金五千元和陳菊所收受的日幣三十萬元，來源是否正當？是否用以顚覆政府？所謂「五人小組」和「五項原則」究竟是爲發展《美麗島》雜誌社的社務抑或確爲叛亂陰謀？此等重大關鍵，查證不嫌其詳，包括被告與證人（如洪某）的對質。政府不欲取信於人則已，否則不可僅憑原告一面之辭而就入人於重罪，即使予以減輕，也難令人信服。

二、軍事法庭審判叛亂案過去都僅開一庭，所有查證和辯論等重大工作都在一天中辦畢，且不准被告要求傳訊證人或對質，殊不足以彰公正、公平、公開和公道。

這次被告人數特多，罪刑特重，而國內外的關切也特甚，所以千萬不可在一天中草草了事。他日詳查結果，如果原告所控不實，自應即判被告無罪，這正足以表示軍事法庭的公正賢明；如果證實有罪，則卽使處以死刑，不予寬減，也能使天下人信服。我希望政府能很勇敢的誠實的面對現實，堂堂正正的通過這個考驗。我忝爲政府一員，將與有榮，而在國民的立場將同蒙其利。所以不禁適切陳辭。

三、依起訴條文，被告八人都可處死刑，卽使減輕，也須處無期徒刑或十二年以上十五年以下的有期徒刑（不能再減），而多數被告的情節（如起訴書所控），絕不這樣嚴重。則應由軍事法庭變更該項條文，例如改依檢肅匪諜條例第八條第一項第二款交付感化。如果如此發落，我願以苦口婆心，分擔感化工作，爲國家消弭怨悉和後患。

如果叛亂的犯意沒有確切的證明，則「罪疑惟輕」，軍事法庭應將其移送法院依普通刑法訊辦。

六十九年二月二十日

未獲旁聽高雄暴力案庭審

《中國時報》編者閣下：今日貴報說，警總軍事法庭准許旁聽高雄暴力案的人包括國策顧問陶百川云云。按我對總統負有補闕拾遺的言責，鑒於政府對該案的關切，我曾上書十二次，詳陳所見，故對審判庭的進行，自很重視。早在該案起訴前就透過一位有關人士向警總聲請旁聽，但未荷該部核准。茲依出版法函請更正。此頌

編祺

陶百川叩

三月十八日

（附載一）陶百川等為促成團結有意讓賢

《自立晚報》

國統會委員陶百川、王惕吾等最近曾分別向當局表達讓賢之意，以促成民進黨順利加入國統會，總統府發言人邱進益上午證實此事。但邱進益表示，由於每位委員各有代表性，李總統接不接受他們請辭，還要作全盤考量，同時，民進黨能否克服其內部困難，表現出參加國統會的誠意，尤其重要。

邱進益說，這幾位年長委員好意讓賢，令人敬佩，他希望民進黨能作出誠意回應，因爲國統會的大門一直都是開的。

另據了解，也擔任國統會委員的三民主義統一中國大同盟主委馬樹禮，最近也曾在一項餐會上表示過讓賢之意，但邱進益說，他並不知道這件事。

國策顧問陶百川上午表示，他確已向國統會當局表達讓賢之意，目的純粹祇是爲促進朝野和諧，希望促成民進黨加入國統會，這與他的年紀或在國統會能不能發揮沒有任何關聯。

陶百川說，目前在一項由聯合報系董事長王惕吾作東的餐會上，康寧祥先提起民進黨加入國統會的問題，當時他和王董事長和馬樹禮主委均曾表達這個意願。陶百川說，在那天之前，他早已向國統會當局表達讓賢之意。

（附載二）我們爲什麼會對黨外中介同情

楊國樞

剛剛政通兄提到去年選舉之時，我們幾位中介學者被認爲似乎曾支持黨外的一些競選活動，因此引起有些人士的關注或抱怨。我想在此藉機作一點說明。過去我們中間的多位大學教授，包括曾參與黨內外溝通的幾位同事，曾涉入了兩件事，特別引起社會大衆的關注，那就是十一位臺大教授聯合宴請林正杰市議員以及在競選期間共同具名支持康寧祥及蔡式淵。這些事我們都在事先仔細考慮過，不是隨便去做的。就我個人而言，我之所以參與這兩件事，是基於以下的考慮：

第一、我以爲知識分子雖然應是客觀的、理性的和獨立的，但並非是說不能肯定任何事情，他其實仍可以肯定一些事；而我之所以有某些肯定，是經過獨立思考之後所作的抉擇。我這次肯定A，下一次可能就選擇B，並非基於和A有甚麼特殊關係或利益才去選擇A。事實上，獨立與肯定可以並行不悖。獨立性不是不置可否或是在中間和稀泥。知識分子經過自己審愼而理性的思考之後，可以有自己的價値判斷，而不妨礙他的獨立性。

第二就是關於「公論」與「私誼」的關係。我想知識分子或中介學者也是人，除了公事應該大公無私地去做之外，我們也需要有自己的朋友，而由於我們覺得某個朋友不錯，基於友誼之緣故，我們願意以個案方式來支持他的正當政治活動，這其間並沒有不妥之處。

第三點是從角色分殊的方面來看。一個人可以扮演各種不同的社會角色，「中介人士」或「知識分子」的角色，祇不過是其中之一，我們還有其他的角色要扮演，不能要我們排除扮演其他角色的機會。我覺得重要的是，當我們是扮演中介人士的角色時，我們是秉着公義認眞去做，但其他場合的角色（如朋友、老師），我們也是一樣認眞去扮演，這並不互相妨礙。這祇是角色分殊和扮演的問題，祇要是扮演什麼像什麼，不產生角色混淆就好了。

第四點是基於整體的考慮。有人指責我們稍微偏袒黨外，我也不完全否認，因爲我們是想讓中華民國能發展出健全的政黨政治。我們希望有一個小黨能夠茁壯而成爲一股眞正制衡的力量，而能眞正實行政黨政治。這都是基於高層次的整體考慮，因此無形中似乎比較同情一個十分弱小的政黨，但仍是從公義與善意的方面着眼。倒過來說，如果今天國民黨是個十分弱小的政黨，我們也會略加偏袒與幫助，以使其逐漸茁壯，而終能發揮制衡力量。而且，基於人道的情操，對於弱者我們總是會在不知不覺中加以同情與幫助的。

基於以上四點，雖然我們是中介人士及知識分子，但我們也扮演別的社會角色，有時對個別政治人物雖會有點偏向，但卻不致過甚。而且，我們主要是從整體的政治發展來考慮，並且儘量以個案方式予以協助，並不代表我們完全同意民進黨的作法。

兩岸溝通安和促進國家統一

大陸政策何爲上計

三十六計和爲上計

三個月前，我在美國與幾位朋友敍談我們對中共應有的新政策。一位教授指出：「三十六計，和爲上計。」他說，那個道理未必爲你們臺北來人所悅服，但是在這和解的新時代，你們不悅也得服，因爲共產黨已經不是杜勒斯所預言的一陣煙雲很快就將消失。以美國當年那樣的強大，一向認爲與共產集團勢不兩立，但在對抗之時，仍不得不力謀和解。現在居然在銷除核子武器這個艱難課題上與蘇聯取得協議，而且可望全面禁核。足見形勢在變，而形勢則強於心態。

三十六計拖爲上計

那時在座的一位新聞記者朋友不服氣，搶了說：「『和比戰難』，而戰也不易。」他的對策是：三十六計，拖爲上計。他說：冰炭不相容，面對中共的四個堅持和一國兩制，臺北何可與它謀和！因爲和解一旦成立，臺北便成爲中共的地方政府，自必須受共產黨的領導和大陸「人民民主專政」體制的統治，而服從馬列主義和毛澤東思想所指導的所謂社會主義的主宰，則臺灣居民還能享受自由民主富裕安和的生活麼！所以和不得，但又戰不得，因而祇好拖。希望拖到天佑中國，河山重光，有人而且希望反攻大陸，還我河山；希望拖到中共當局能有善意和耐心，實踐它所宣傳的「尋求共識，消除敵意，循序漸進，促進統一」；希望拖到中共有識之士能夠改革再改革，修正再修正，放寬再放寬，以達到自由民主和富裕。

三十六計動爲上計

我認爲「和」、「拖」兩計都有道理，但是都靠不住，而須另謀他計。何以言之？因爲和的目的是國家統一，而臺北則不容統一於北平的四個堅持之下，北平也不承認三民主義的統一原則，即使臺北把統一原則改爲自由民主和均富，我恐北平也不肯接受，則和談和統一便不可能，自必祇好僵下去，拖下去。而拖比內戰畢竟略勝一籌。但是和固很難，拖也不易。我們雙方已經拖了四十年，再拖就不會那麼簡單容易了，於是我們必須改弦更張，使拖不妨害，且更有益於和平統一，而和平統一又能眞正福國利民。這一高招是一「動」字，「動則有功」的動。代入於三十六計的模式便成爲三十六計，動爲上計。

以「三不」、「三拒」爲例。它本是我們政府對付中共和平攻勢的無可奈何的策略，迄今尙未可厚非，但因環境、時間和形勢的變化，我以爲亟須修正。於是我在民國七十五年先向政府建議，繼在報上呼籲，開放兩岸探親和通信，後來編出兩個口號：「通信不通郵」，「探親不探共」，但一時不見成效。

三十六計通爲上計

第十二屆三中全會閉幕後，蔣故總統經國先生迭次昭示開放和改革，而且幅度和深度涉及多年來牢不可破的「三不」和「三拒」。在最近〈統一新訣願信其有樂觀其成〉的拙文中，我寫出「三不」、「三拒」的新發展，如左：

不通郵而通信，不通商而通貨，

不通航而通運，不同路而同歸。

不接觸而交流，不談判而談話。

不妥協而放鬆，不統一而漸進。

我因而說：「三通已通，三不已鬆。」這樣的「猶抱琵琶半遮面」，尚難使人滿意，我則指出：「臺北現在則衹能做到如此，因爲再開放便將危害我們的安定和安全。中共如能做出適當的回報，則不獨三通三不的限度尚可放寬，對整個統一問題，包括原則、方法和程序，我以爲也未始不可探討。」

這樣的「通信不通郵」，「談話不談判」……就是我所謂「動」的上計。我在《遠見》雜誌最近一次座談會中約略敍述。都怪我國語發音不準，《聯合晚報》記者把「動」聽作「通」，從而把我原來的「大陸政策，動爲上策」寫作「大陸政策，通爲上策」，並做了一個大字横題，頗能傳神和引人入勝。於是我將計就計，增加了一個上計，叫做「三十六計，通爲上計」。

以拖謀和以動求通

兩岸緊張情勢如果不想緩和則已，雙方敵對關係如果不想改善則已，和平統一如果不想促進則已，我們和中共如果各想有所成就，則必須以動求通，而以通爲上計。

但就兩岸現有的動和通的程度來看，它們顯然還不足以打破拖局，邁向和局，所以必須再加努力。陳立夫先生因而乃在中國國民黨中央評議委員會議提了一個兼顧現狀和前程的大案——「以中國文化統一中國，建立共信，以投資共同實行國父實業計畫，建立互信，並爭取大陸民心，以利和平統一案。」我有幸而忝爲聯署人，切盼能爲雙方當局所採納。

自從我國退出聯合國以來，我無時不在思考國家統一的原則、方法和程序等問題，而且頗有心得，也向政府提出一些構想，限於篇幅，不能複述。現在我把上文的四個上計，簡化爲兩句口訣：「以拖謀和」，「以動求通」，姑且作爲小結，以便進一步寫得大一點和遠一點。

全盤規劃整批交易

我以爲現在謀和，雙方必須先求共識，這至少包括左列各問題：

一、北平的四個堅持或臺北的三民主義可否作爲統一的指導原則？如果不行，可否改採自由民主均富及和平？

二、中共的一國兩制本來祇是適用於香港的過渡辦法，五十年後仍須歸於一國一制。中共能否承允不把這個和談死結之一的一國兩制引用於臺灣？而代之以其體制，例如不列顛國協（邦聯）模式或聯合國模式或西歐模式（包括北大西洋公約的軍事組織、共同市場的經濟組織以及歐洲議會的政治組織），作爲過渡？至於將來過渡到統一實現以後當然實施一國一制，自不待言。

三、既說要「和平統一」，中共當然須放棄武力侵臺，但它一直不肯承諾，而臺北則把它列爲先決條件，如何協調？

四、中共所有的領導人，從毛澤東、周恩來到鄧小平，都曾說過統一中國的時間可能需要一百年或更長。我曾因此預估爲一百年（從民國三十八年算起）。這個過渡時期或相持階段，非有不可，但時間應該怎樣估計？可否不以時間而改以完成條件爲標準？

統一問題牽涉很廣，出入很大，所以不易獲致共識，似可由民間有力人士組成一個促進團體，先向雙方當局試探、溝通、協調和評議，討價還價，有予有取，以期終能達成共識，各得其所。

七十七年七月三十一日　初稿

與《美聯社》記者談中國統一問題

記者問：你們最近突然強調三民主義統一中國，而你們過去一直主張「反攻大陸」和「三分軍事」。這是否表示你們知道武力統一已不可能。這是一種退卻或退步麼？

我答：我們一直主張三民主義統一中國而不憑藉武力。最好的證明，是一九五八年的中美聯合公報，它指出：「中華民國政府認爲恢復大陸人民之自由，乃其神聖使命，並相信此一使命之基礎，建立在中國人民之人心，而達成此一使命之主要途徑，爲實行孫中山先生之三民主義，而非憑藉武力。」

作爲一個國家，我們當然不能沒有武力或根本不使用武力，但我們一向強調「七分政治」。爲求統一，我們今後更將依靠政治方法，也就是以三民主義謀求中國的統一。這是進步而不是退步，是前進而不是退卻。

問：你們突然強調這個新的統一方法是以何種情勢爲基礎？有何成功的把握？

答：主要是因大陸情形已有變化，鄧小平的當權，四人幫的審判，四個現代化的推動以及七種重要法律的施行，說明了馬列主義和毛澤東思想經過中共二十多年的實驗和幾千萬人的犧牲而已失敗，不得不加以修正，而修正的方向乃是三民主義。

海外中國知識分子，首先看出這種變化，於是要求中共放棄共產主義。這裏的知識分子和國民黨則進一步強調三民主義統一中國，要求大陸接受三民主義，把共產主義加以更大的修正，使中國統一問題易於解決。

問：共產主義要怎樣修正，以符合三民主義呢？

答：第一、它須放棄階級鬥爭和無產階級專政，而實施全民政治。

第二、它須放棄一黨專政，使人民有言論、出版、集會、結社和自由選舉的充分自由和權利。

第三、它須放棄集產主義和人民公社，承認私有財產和民營產業。

第四、它須放棄暴力統治，實施民主法治和保障人權。

第五、它須放棄黨和政府的「沙文主義」，承認情形特殊的民族或地區有極大的自主自治權。英國與加拿大的國協模式便是一例，可供採擇。

第六、它必須使用和平方法以求統一，不得使用武力或武力威脅。

問：這樣大的修正幾乎等於放棄共產主義，你們以爲中共能夠這樣做麼？

答：「形勢比人強」，中共如要生存和發展，必須這樣大修正，而且幾年來已向這個方向開始學步。此外，東歐的共產國家，就是它的先驅和榜樣。

尤其波蘭最近的發展，工人可以自由組織工會而與波共對抗，波共也祇好多所讓步，甚至兩者可望合流，以致蘇聯發現波共正在背棄共產主義。誰說中國大陸將來不會有這一天呢？

問：我看了大陸最近發出來的許多電報，中共似乎已經放棄過去對臺灣的溫和態度，竭力醜化臺灣，這與你們三民主義統一中國的新政略背道而馳。中國還能用和平方法來統一麼？

答：中國統一眞是任重道遠，目前還不可能。我以爲要經過三個時期。目前是不戰不和，是一種「冷戰」狀態，這是第一時期，雙方必須避免熱戰。希望第二時期是和平共存，第三時期是和平統一。

問：你似乎第一次擔任中央評議委員，有點出我意外，你自己認爲這表示什麼意義？

我問：我已做了五十八年的黨員，現在來做評議委員，似乎不足爲奇。但是你有什麼看法？

記者答：你是一個「自由民主」人士，而今能夠參加中央，應該可認爲是國民黨和蔣主席的彈性和包容精神。

七十年四月二十六日

我們不可被人誤爲反對和平統一

今日報載僑務委員會議昨日通過「貫徹三民主義統一中國加強僑務工作中心議案」，列舉四大基本方針，第一條規定：「結合海外僑胞力量，貫徹以三民主義統一中國目標，粉碎中共『和平統一』之陰謀」。我不知道這「和平統一」是否爲「武力統一」之誤。

按：「和平統一」是一個很好的名詞和號召，人同此心，心同此理。我國正該以「和平統一」來打擊中共的武力統一。我們即使明知中共所叫囂的「和平統一」乃是一種陰謀，但「和平統一」本身卻是三民主義統一中國的必要途徑，卽使爲中共所利用，我們仍當堅持和強調，以粉碎中共武力統一的陰謀。

所以我建議把該基本方針第一條最後一句改爲「粉碎中共武力統一的陰謀」，以除語病而免誤會。

七十年十一月三日

和平統一的荊棘和狂想

——訪陶百川先生談《創意造勢突破逆境》

一

記者問：聽說遠景出版事業公司很快就將出版你的一本新書《創意造勢突破逆境》。這是一個重大困難而敏感的課題不知先生有何神機妙算？

陶百川先生答：不敢說什麼神機妙算。該書收印大約六十篇新著，包括：

一、議會政治是民主關鍵，不容導誤或受打擊，怎樣求其健全發展？

二、政黨政治是國家長治久安的基礎，能在兩年內實現麼？

三、選舉要選賢與能，講信修睦，而現去理想尚遠，怎樣補偏救弊？

四、非常時期有些措施要防不走正道而誤上旁門左道，試舉數例以自儆。

五、統一中國，任重道遠，談何容易，試求它的原則和模式。

六、苦撐待變，造勢復國，最先和最後都得靠精神動員。應以何事爲重？

問：你所說的重大困難而敏感的問題，第一個應是統一中國以及中共的和談攻勢。中共對這個問題必定將緊鑼密鼓的喧嚷不已。我們的對策是不予理睬。可是免戰牌不能退敵，而如果與他們會談，則無異引狼入室，治絲益棼。這應如何是好？

答：我國有一句古諺：「道不同不相爲謀」，這也是說：「話不投機半句多。」所以雙方無從談起。我想中共應該提出更高層面的方針政策，也就是中華民國和中華人民共和國那個層面的方針政策。中共不得祗就臺灣省這一低層面做文章。記得蔣總統也曾說過：祗有中國問題，沒有臺灣問題。而談到國家問題，就須觸及統一程序、權力劃分、統治形式和立國原則等大問題。中華民國已經指出三民主義和平統一的道路，中共對這些問題將提供什麼政策方針呢？

二

問：你所謂「權力劃分」和「統治形式」，是否可以歸納爲一個問題：集權或均權，也就是中央集權而成爲單一制度抑或中央或地方平分統治權而成爲聯邦制度？報載中共也在研究這一問題，甚至可以變更國號。這可否作爲一個先決問題，自須由中共先表示態度。

答：你說的也對，但不是那麼簡單。聯邦制不能解決目前海峽兩邊對峙的僵局。

因爲聯邦制有幾種模式。例如蘇聯也採行聯邦制，它的各邦中的俄羅斯蘇維埃共產主義共和國和烏克蘭蘇維埃共產主義共和國，並且和蘇聯同時分別參加聯合國爲會員，並各有代表權。但蘇聯祇有聯邦之名，而由克里姆林宮主宰一切。

又如美國，它是最民主的聯邦合衆國，但中央政府獨攬軍事、外交和貨幣的大權。各邦對中央政府的權力，年來更日漸削弱。

又如瑞士，它的聯邦制度則比較名副其實，它的國家統治權，不在政府而在國會。後者選舉七人組織中央行政委員會，任期與國會議員同爲四年，七人各長一部。其中一人兼任總統，任期一年，不得連任，且無實權，重大事項皆由委員會決議行之，而對國會負責。人民對憲法、法律或政府的重大措施，如有五萬人或三萬人的簽名提議，必須舉行全民投票，以爲複決。歷來已有四十餘次。此項「強枝弱幹」之安排，乃係二十二邦妥協湊合的結果，故各邦儘量保持固有權力。甚至中央政府不准擁有軍隊，而各邦則准保有常備軍各三百人，戰時則全國皆兵，由國會選派總司令統一指揮。

在以上三種聯邦國家模式中不知中共偏向那一種？抑或另有新構想？這是首須澄清的重要問題。

三

問：你曾提過英國和加拿大等國的國協模式，不知它有什麼特點可供分裂國家歸於統一的參考？

答：國協乃是國與國的聯合而不是一個國家的聯邦制，所以國協祇有統一之名，從而不能適用於希望眞正統一的中國，但它的特點不妨介紹一下，以供學術的研究，請以加拿大爲例：

加拿大在內政外交或軍事方面都有絕對的自主權。但它在名義上是奉戴英國君主爲它的最高統治者（Head of State），所以現在英國女王的稱號是「英國和加拿大的女王」。她派一個總督（Governor-General）代她執行職務。他享有下列大權，但都受有嚴格限制：

一、內閣總理由他任命，但前者必須是國會多數黨的領袖。閣員也由他任命，但也受同樣限制。

二、他有權解散衆議院另行選舉，但須出於內閣的請求。

三、參議院全體議員都由他任命，但須由內閣總理提名。

四、他有權代表政府向國會提案，法律也由他公佈，但前者必須基於內閣的意見，後者必須基於國會的議決。

還有一個重要的成規：總督雖由英王任命，但必須出於加拿大內閣總理的推薦，而且人選照例是加拿大的公民。

四

問：記得十年前你對海峽兩邊的現狀和未來的歸宿提出這樣一個原則：「今天兩個中國，明天一個中國」。你最近對《美聯社》記者又指出統一中國的三個階段及其特性：第一階段就是現在，乃是不戰不和；第二階段將是和平共存或和平競賽；第三階段方是和平統一。你認爲英國和加拿大的國協模式能否適用於上述第二階段？今天的「兩個中國」能否用它來過渡到明天的一個中國？

答：你這個問題太重大和太複雜，要看第一階段情勢的發展，方能預測。容俟他日。

問：你方才提到立國原則的大問題，這是否指三民主義而言？以中共的堅持共產主義，兩者是否可以妥協和認同，一般人並不樂觀。但兩者相較，三民主義顯然比較共產主義符合人性，尊重人權，有益民生。共產主義有鑑於此，各國都在修正，你以爲它能修正成爲三民主義麼？

答：「衆志成城」，「形勢比人強」。如果歷史是一面鏡子，則中共在將來情勢改變時突然宣稱以三民主義作爲統一中國的張本，我將不會驚奇。這有許多事實作論據：

第一、中華民國憲法規定：它是「依據孫中山先生創立中華民國之遺教（三民主義）」而制定（憲法前言）；「中華民國基於三民主義爲民有民治民享之民主共和國。」（第一條）所以三民主義已爲中國全體國民所接受，它已不僅是國民黨一黨的主義了，於是自可作爲統一中國的基礎。

第二、中國共產黨雖然沒有參加制憲國民大會共同制憲，可是它在政治協商會議修訂中華民國憲法草案時卻始終參加，躬與其事，對於以三民主義作爲制訂憲法的「依據」和基礎，它也與其他黨派和社會人士一體接受，並無異議。

其實中共那種表現，並非完全出於偶然，對於三民主義，它可能眞的心悅誠服。因爲遠在對日抗戰開始時，它表示共赴國難，曾於民國二十六年九月公開宣佈：「孫中山先生之三民主義爲中國今日所必需，本黨願爲其徹底實現而奮鬥。」

如果再往上溯，則知中共的誠服三民主義，乃是源遠流長。因爲民國十二年一月，蘇聯特派越飛訪晤孫中山先生，商討中蘇合作問題，成立四項辦法，其中第一項便是：「一、孫逸仙博士以爲共產組織，甚至蘇維埃制度，事實上均不能引用於中國，因中國並無可使共產主義或蘇維埃主義成功實施的條件存在之故。此項見解，越飛君完全同感，且以爲中國之最重大與急迫的問題，乃在完成全國的統一，與獲得完全的國家獨立。關於此項大業，越飛君並向孫逸仙博士保證，中國當得俄國國民之最熱烈的同情，且能信賴俄國之支援。」

五

問：你方才已經指出統一的三個階段：不戰不和、和平共存或和平競賽以及和平統一。你以爲雙方應該怎樣把它促成？

答：淺見以爲：

第一、有如方才所說，中共須就國家層面的重要問題提出方針政策以供研究。

第二、雙方都須以極高的智慧和極大的耐性來處理這個問題，不可急躁、誤導和輕舉妄動。

第三、雙方都須致力於和平競賽，不許使用武力或武力威脅，靜待民意所歸，而水到渠成。

七十一年一月二十日

解決兩岸問題知難行易

（《聯合報》編者按）

國家統一委員會今天召開第五次全體委員會議，國統會委員陶百川主張，我們對中共中央臺辦負責人的三點建議應有回應，國統會發言人不妨與中共臺辦相機溝通，打開「黨對黨」談判的僵局。他認為，兩岸問題的解決是「知難行易」，雙方目前急需的是接觸、商討、溝通和妥協。

陶百川這項主張，明顯有異於「國家統一綱領」的統一進程。他在今天的國統會議中，將表達這項意見，供全體委員討論。本報記者事先徵得陶先生同意，請他以答客問方式，就自己的主張，對當前兩岸關係面臨的問題，提出他的看法。其中設定的問題，是陶先生所自擬。

問：你曾主張我們對中共中央臺辦負責人的三項建議應有回應，你以爲應該怎樣回應？

答：這包括兩點：一是何人出面回應？一是內容。我想建議國家統一委員會由它用「發言人」名義出面回應。它和中共的「中央臺辦」的性質雖不相同，但都是「政治實體」，都負責主導兩岸統一事宜，不妨相機溝通，而且從而可以打開中共所造成的「黨對黨」談判的僵局。

總統府經常接受各界的建議並予以回應，現在對中共中央臺辦的建議既認爲應予回應，則總統府國統會自無刻意廻避的必要。

至於回應的內容，對中共三項建議中第一點的「商談」三通四流，第二點的「接觸」「討論」「結束兩岸敵對狀態、逐步實現和平統一」以及第三點的互邀代表「訪問」，「看一看，交換意見」，對這三點，我方可以表示「原則上都可嘉可行，容俟相機辦理」。

問：你曾一再鼓吹由國統會人員（註：不是國統會，他們也不代表國統會）與中共人員再加海內外有代表性的人士在香港舉行國家統一問題的三邊會談，這事進行如何？那個會談能否發揮一些接觸溝通協調的功用？可否作爲對中共回應的第一步？

答：可行性頗大。國統會人士頗有同感，我們會繼續推動。

問：你認爲有那些歧見和問題應予優先回應和溝通？

答：最突出的有「一國兩制」、「一國兩府」、「不用武力」、「外交地位」、「政治實體」、「直接三通」，以及「四個堅持」等。

問：這幾個問題，有的簡直無法解決，如何是好？

答：我以爲「知難行易」，所以雙方急須接觸、商討，和溝通。但雙方必須重視時間和程序而欲速則不達。雙方必須具有高度的善意和誠意，尤其以小事大須有誠意，以大事小須有善意。

於是雙方尤其中共，都不可唯我獨尊，唯利是圖，以期有取也有予，利己也利人。如此則人心平而社會安，統一就在其中了。

八十年七月七日

三邊溝通遭到夾攻胎死腹中

從勉爲其難到無可奈何

——籌劃「三邊座談會」始末

今年五月國統會第四次會議，討論如何落實國統綱領近程部分，我報告了我們幾位同仁自去年十二月擬訂國統綱領時就開始籌劃三邊座談會的情形。（我雖常提「三邊會談」這個名詞，但查過國統會印發的發言記錄，我那天用的乃是「三邊座談會」）。

謀和救亡　人人有責

那天我說，如何落實國家統一綱領的規定，我們不可不重視與大陸的溝通，希望能夠減少敵意，獲致共識，維持和平。我們曾擬在香港舉辦國統綱領的三邊座談會，接洽一個民間團體或文化機關主辦，我曾與一位高先生談過，擬請他的基金會出面出錢。參加人士應該包含臺北和北京兩方面以及海外學者，假定三方面各有十人。臺北方面擬請國統會人員擔任，大陸方面由他們自己決定。所談主題當然是國家統一綱領，但有人如果要談別的問題，我想也無不可。

那天我也呼籲陳立夫和李璜兩先生自告奮勇，與他們所認識的中共領導人員晤談溝通。鑑於兩岸敵意之深以及化解的必要，又鑑於統一問題的嚴重和緊迫，凡我國人都應相機盡力疏導。我很重視溝通，並認爲人人都應相機去做，所以那天我沒有請國統會出面辦三邊座談會或請政府邀請陳李兩公做溝通。

能談什麼　我有準備

照我的構想，三邊會談如能辦成，我們將向大陸人士闡明國統綱領的精義和必要，奉勸中共作出善意回應。關於雙方幾個重要的爭議，例如「一國兩制」，我建議可對中共指出那是統一以後的制度設計，目前言之尚早，而且統一後勢將採行一國一制，不可能採一國兩制，所以此時不必爭論。中共如果現在就堅持「一國兩制」，則我方勢將認爲「兩制」應該包含「兩府」，則統一就談不下去了。

在向國統會議報告三邊座談會的構想前，我趕寫兩文提出我們與大陸人士溝通的七個題綱及其論據和五項肺腑之言，希望大家能夠感動。（我總是以善意待他人，並以誠意相感動。）我的兩篇拙作分別刊登於七月六日的《聯合報》和《中國時報》。我竊願在三邊會談時我方能把它們面告大陸人士，必要時並作辯論，以爲溝通。將來共識能否達成，和平能否確保，我雖並不樂觀，但我們不能因而否定在這嚴重尖銳時刻從事會談溝通的價值和必要。

以我長時間研究中共和統一問題的一得之愚，我敢說，沒有彼我雙邊或再加第三邊的充分會談，國統綱領將永遠卡僵在近程階段而無階可升到中程，則「和平」統一勢不可能，臺灣獨立運動更是「引火自焚」了。

落實綱領　能不談嗎

在國統會最近一次會議，我聽了「行政院落實國家統一綱領初步規劃」的報告，我更信我們必須就一些政治問題也與中共交換意見，並從邱進益先生的報告竊喜三邊座談可望舉辦。

按行政院大陸委員會已就國統綱領近程部分準備了一百二十三項細部構想，那天我即席發言加以讚揚，但我也不應有所忌諱地指出：那些構想雖足以使近程部分四項規定中的第二項（「建立交流秩序」）充分落實，但對第一項的「安全與安定」、「不否定對方爲政治實體」和第三項要求大陸「推動經濟改革，逐步開放輿論，實行民主法治」以及第四項「以和平方式解決一切爭端，在國際間相互尊重，互不排斥」——對這三項敏感嚴重的政治問題，陸委會的構思不深，規劃不詳。這也難怪，於是更足證明兩岸必須就那三項政治敏感問題善爲溝通，以取得共識和諒解的必要了。

雖感挫折　仍願護花

我所不能無憾者，我們一部分人費了半年時間所籌劃的三邊會談，最近卻遭惡意的非議，有關方面從而加以阻止，報載將由他人接辦。「無可奈何花落去」，我雖不無挫折之感，但願能像「落紅不是無情物，化作春泥更護花」！

八十年七月十七日

國統歧見如何溝通協調獲致共議

本年四月底中共唐樹備向陳長文提出兩岸交往五原則，六月七日中共中央正式回應我方終止動員戡亂時期提出三項建議，但我國政府尚無正式回應，我曾撰文建議在香港舉辦一次三邊會談，先作溝通，以進一步尋求共識，化解敵意。此議如蒙採納，我們須立即研究會談的議題，也就是如何就雙方歧見尋求共識。

讓所可讓　持其當持

經我初步研究，我發現雙方不無溝通協調的可能。試舉數例：

一、「一國兩制」：我認為這是統一以後的制度設計，目前言之過早。而且統一後勢將採行一國一制，不可能採一國兩制。所以此時不必爭論。中共如果今日就須堅持「一國兩制」，則我方勢將認為「兩制」應該包含「兩府」，而統一就談不下去了。

二、「和平統一」：我方勢將堅持這一方針，以免自相殘殺，希望中共也能摒除武力，不打內戰。但我恐中共不肯公開宣布作此承諾，而且將來也不會信守，因為它可以隨便找一藉口（例如說是爲了自衛），破壞承諾。於是我方爲了保障和平統一，自應堅持進口自衛武器的權利及其必要，要求中共不予阻撓。

三、外交地位：我方國統綱領已經自我設限於「在一個中國的原則下」，這是說，我們不搞兩個中國或一中一臺。而且鑑於蘇聯在聯合國有三個代表權，於蘇聯本身外，尚有俄羅斯和烏克蘭兩個會員國，則中共大可讓我方重返聯合國。我方的外交空間，在統一前自須力保，希望中共予以尊重。

四、「政治實體」：國統綱領初稿本來用的是「尊重對方的政治現實」，我以爲這樣的表達不致觸發爭議，曾在報端公開支持。後經研究委員改爲「政治實體」，我雖認爲不妥，但因它反正是就現階段而言，乃是統一前的過渡現象和稱謂，而一經統一就是另一種情況，所以中共何妨接受！

三通不難　四持緩談

五、「直接三通」：我們曾就三通創作了三個原則：「通信不通郵，通貨不通商，通運不通航」，這就是政府現在執行的：「不通郵而通信，不通商而通貨，不通航而通運。」在雙方交惡了四十餘年之後，我方能夠表現這樣的善意，自是難能可貴。假以時日和機會，直接三通，應不在遠，所以中共不必躁急。

六、至於我方要求的「民主自由均富的統一」，（我曾建議在「均富」之後增加「均權」，俾中央和地方各享適度的主權和政權），中共頗感爲難，但我方並未要求立卽兌現，中共自可按照將來協議的進度表逐步實施，以期統一早日水到渠成。但我要提醒大家尤其中共不要把它看作是「和平演變」以傾覆中共。如果中共竟有此恐懼，則不是太低估自己了麼！

七、「四個堅持」——社會主義（集產主義）道路、人民（無產階級）專政、馬列主義毛澤東思想以及共產黨（一黨）領導：這是統一的最大障礙，我方政府當然不能把臺灣人民推入四個堅持，而中共現在則決不肯放棄，雙方如果攤牌，自將不歡而散，殊非兩岸之福。我認爲中共逼於形勢難以長此堅持這「四個堅持」，而且這不是國統綱領近程和中程所須解決的任務，到了遠程階段，中共如果尙能堅持下去，那時商談還不爲遲。

我在檢討上述七個例子時，發現政治問題複雜多變，處理結果的好壞，與人的心態很有關係。因爲統一問題，說難，但也容易，說易，則也可能很難，端視當事人能否好自爲之。

肺腑之言　統一之道

我提出一些經驗之談：

1. 必須注意時間，統一大業欲速則不達。
2. 「行者常至，爲者常成」、「動則有功」，停何能進！所以雙方應該開始溝通和協商。

3.「物有本末，事有終始」，必須「知所先後」。所以國統綱領不得不訂出三個程序或三個階段，必須循序漸進，方能水到渠成。

4.雙方必須對人有善意，對事有誠意，以大事小，須有善意，以小事大，須有誠意。

5.在現代社會，處理政務須用民主方法，包括讓步、妥協和互利，所以有拒也有迎，有取也有予，利己也利人，不得唯我獨尊，唯利是圖。

以上七項歧見和五項經驗之談，雙方未必都有同感，這就須假手於溝通協調以獲致妥協和共識。事不宜遲，願共勉之！

八十年七月六日

(附載一)六成四以上民衆支持三邊會談

——民意調查顯示：近半數表示不擔心會談會危及臺灣

(《中央日報》臺北訊)根據一項民意調查顯示，有六成四的受訪者對於臺灣、大陸、香港的學者舉行三邊會談，持正面肯定的態度，並認爲此舉可以加強三邊的溝通。

另外，有百分之四十八的受訪者表示不擔心三邊會談危及臺灣的安全，祇有百分之二十四點七的受訪者表示擔心。

調查結果進一步指出，年齡較輕，與教育程度愈高者，愈傾向以這種方式進行溝通。

近年來，兩岸民間互動頻繁，所衍生的諸如三邊座談、取締海峽走私、引進大陸勞工等問題，都須進一步解決。中華電視公司日前委託蓋洛普徵信公司，針對「民衆對海峽兩岸互動的看法」，就一〇二七個受訪者進行民意調查，並在今天公布了調查結果。

調查指出，百分之六十三點五的受訪者非常同意或同意以三邊座談的方式進行溝通，僅有百分之九的民衆反對。

對於是否會擔心這種方式的座談，會危及臺灣的安全，百分之四十八點一的受訪者表示不擔心，祇有百分之二十四點七表示擔心。

另外，調查報告也發現，百分之四十二點六的民衆認爲，建立兩岸人民團體的交流是現階段兩岸間最適合的溝通管道；另百分之二十一點三則認爲，建立兩岸政府的接觸，才是最適合的溝通管道。百分之十九點一則對此問題持保留態度。

調查結果同時顯示百分之四十三點四的受訪者，相當不贊成引進大陸勞工，但也有四成的受訪者贊成引進。而對於遣返偷渡人士的作法，七成六的民衆贊成政府強制遣返偷渡來臺的大陸人士。

值得一提的，有高達八成一的民衆贊成臺海兩岸共同取締海上走私與搶劫犯罪活動，祇有百分之六點七持反對態度。

這項調查主要以臺灣地區二十歲以上民衆爲調查對象，共成功訪問一〇二七個有效樣本，全部以電話訪問方式進行，調查時間爲八十年七月二十七日至二十九日。

（附載二） 三邊會談多方爭議

李世偉　採訪整理

《海峽評論》編按：自從總統府發言人邱進益放出「三邊會談」的消息後，不但不能推進兩岸關係，反而引來朝野的洶洶議論，不過幾天，邱進益立即把「三邊會談」降溫成「宣揚國統綱領」。政府到底有沒有誠意進行「三邊會談」？「三邊會談」若祇是學術座談，對兩岸關係有無積極意義？大陸、香港的意見如何納入？「集思會」為何竭力反對？本刊特別訪問五位立法委員作深入的討論。

問：你是否支持現階段進行「三邊會談」？

林正杰：我贊成進行「三邊會談」，把香港當作會談的地點是不錯的構想，特別是香港人目前對中共的「基本法」有所疑慮，他們希望取得對臺事務的發言機會，這是一種移情作用，因此把香港拉進來參與兩岸談判是適當的。

郁慕明：我主張以平常心看待，就像臺獨聯盟，FAPA在夏威夷開了個「臺灣政局未來發展」的討論會，國民黨也派員參加，我們也以平常心待之。同樣的在香港進行「三邊會談」祇是試探性的接觸，把雙方的意見表達出來，經由這種公開、透明的過程可以增進彼此的理解。

廖福本：我們可以預見這次的「三邊會談」不會有何具體的結果，也不可能涉及高層次的問題，但有個開始總是好的，同時也藉此機會讓他們了解「國統綱領」。所以我認爲可以談，但不必太急。

朱高正：如果我們要以和平統一代替武力統一，遲早一定要談判，一九八八年九月我早就提出「三邊會談」，爲甚麼要「三邊會談」？因爲如果直接由兩岸來談，對立性太強，可能沒有焦點；香港在一九九七收回，中共給予五十年制度不變的承諾，如果把香港拉進來，可以沖淡臺海兩邊的對立。至於舉辦地點我主張在華人社區，最好在新加坡，泰國、馬來西亞也可以，但絕不能在日本，中國的統一絕不能給日本人任何插手的機會。談判的代表，我的構想比較謹慎，不涉及政府對政府，也不涉及黨對黨，而是由三邊具民意基礎的代表，臺灣由立法委員，大陸由人大常委或政協常委。談的內容可以先由事務性談起，如果可以談出一些具體決定，各個黨可透過與會代表將黨的意見技巧的表達出來，這可以由非官方到半官方層次，好的話可以推進到官方談判。但這個計畫卻受到當時國民黨的極力阻撓。

王志雄：海峽兩岸隔絕了四十多年不能溝通，談總比不談好，如果能談出個結果來，對臺灣二千萬人民是有好處的，所以原則上我贊成。我也贊成談判的地點選在香港，因爲香港在九七後成爲大陸的一部分，所以香港會變成兩岸很重要的共同領域，《新華社》臺灣部長黃文放也說過不希望中華民國機關在九七之後離開香港，所以我以爲如能以香港作爲公共領域來促成兩岸的談判，我相當贊成這個構想。

問：「三邊會談」如果祇限於學術層面或民間的交換意見，可不可能爲未來的兩岸談判產生促進作用？

林正杰：「仕對士」的談判有利於「將對帥」的談判，這種談判是屬於試探性質，但可以累積未來正式談判基礎。總的說來，「三邊會談」是很好的構想，邱進益必須爲此負起責任。

郁慕明：類似「中國未來」議題的學術座談會不知開過多少次了，有甚麼特別值得重視？祇是這次談的對象，層次可能較高，大陸也許會派出「對臺辦」的官員。

王志雄：目前兩邊都拉不下身段，尤其中國人是最愛面子的民族，所以邱進益可能利用各種藉口，如學術性會談，以此來避免三通，因此三通是中華民國最後討價還價的王牌。因此我認爲不論用甚麼名義，但終究要談到兩岸的關係進展，我曾向大陸的領導人談過，現在用政治方式結合，差異性太大，兩岸唯一相同點是所流的血液一樣，所以從文化交流開始；其次是經濟方面，臺灣有很多的經濟經驗可以指導大陸，而且透過兩岸經濟交往促成大陸質變，這樣我們也有機會把大陸制度作某種程度的修正。

問：這次的「三邊會談」是由我方片面訂出會談的內容（即「宣揚國統綱領」）及遊戲規則，但卻未顧及大陸方面的意見，這是否違背了和平、對等的原則？

林正杰：談判不能踩在別人的身上，我們既然希望中共尊重臺灣，那我們是否也要尊重大陸呢？兩岸談判的方式必須基於平等精神。

郁慕明：如果不是臺灣當局冷卻「三邊會談」，大陸會有興趣，現在卻成爲「宣導國統綱領」，人家幹嘛聽你宣導，這不是個笑話？

王志雄：確實如此！眞的要談，臺灣有自己要談的重點，但中共香港也有其考慮，所以要談的話，談的主題應先私下溝通，先從爭議性較小的主題談起，有了結論後再一步步的慢慢作。我也認爲兩岸一定要談判，目前無論國統會或陸委會成員都沒有一個人到過大陸，在這種情況下，我很懷疑他們如何訂定大陸政策？所以我希望大陸委員會主任委員的角色應由民意代表擔任，因爲目前民意代表可以到大陸，由他去觀察並訂定政策，且還會受到國會的監督。但臺灣的情形是：訂定大陸政策的人都沒有去過大陸，去過大陸，了解大陸的又無法參與決策，因此很多政策違反民意，民怨就因而產生了！

問：集思會反對「三邊會談」和兩岸直航，據說是他們到北京要求「長榮」航線未果，即由贊成直航轉變爲反對直航，甚至反對「三邊會談」你有何看法？

林正杰：我想不必做這種陰謀論的推測，但可以看出他們不贊成國民黨當前的大陸政策以及對中共的不信任，因而拒絕談判。

郁慕明：如果這個傳聞是事實，這證明他們不是像自己口口聲聲所講的「以二千萬人幸福」爲考慮，而祇是以他們一兩家人的幸福爲考慮。這可以翻翻立法院公報，看看那些人原來是贊成直航，三通的，後來卻反對。過去他們說「三不政策」過於僵化，這次「三邊會談」是政府主動出擊，而且是很好的國際宣傳。如果說「三邊會談」眞像他們所說的會對臺灣造成傷害，難道他們提的「聯合國案」就對臺灣沒有傷害？

廖福本：他們的心態總是酸酸的，這不好，我們祇問這個事情對不對，但成功不必在我。

朱高正：我討厭揣測別人動機的陰謀論說法，動機是內部情況的研判，政治是看公開的動作、發言。但是在三年前我提出「三邊會談」時，集思會重要成員都支持，那時要和我去的有饒穎奇、林時機、林鈺祥、黃主文，但後來卻被國民黨阻撓。

王志雄：我沒有聽過這個傳言，但如果眞是這樣，那是不對的！你不能因爲個人的恩怨來判斷這麼一件重要的事。

問：「三邊會談」是由總統府邱進益放出的消息，你認爲有何政治意義？

林正杰：這個構想本來是由陶百川在國統會中提出的，但陶百川位尊而無權，加上國統會也有統獨鬥爭，因此有人懷疑他們把陶百川的提案抽出來再搓掉。果眞如此，這種鬥心機的遊戲最後可能會玩火傷身，但我希望國統會的「三邊會談」提議是有誠意的。

郁慕明：我並不知道，但這段期間中共放了許多話，我們自然要回應，既然要回應，我就不懂爲甚麼現在要冷卻「三邊會談」，好像談統一是件很丟臉的事。

王志雄：李總統在去年五月就職後要求中共有「善意的回應」，以後陸陸續續雙方都有對話，但都是各說各的，而邱進益選擇這時機宣布「三邊會談」可能有一特殊的意義：目前臺灣人民最擔心的是大陸方面有強硬的行動，這會影響整個民心；而年底選出的國代是要修改憲法，但這部憲法到底要修改成適合臺灣或適合全中國，這是必須好好考量的。因此，邱進益想了解大陸對於我們憲法的修改作個試探，然後把這個訊息帶給李登輝；同時也表示我們是有談的誠意，希望大陸有善意的回應。

一九九一年八月

陶百川全集

百川匯海